W0307922

SEPTIME

PERSPEKTIVENWECHSEL No 1

Julio Cortázar
Fantomas gegen die multinationalen Vampire
und andere Erzählungen aus und über Lateinamerika

Herausgeber: Ralph Doege, Christiane Barnaházi & Jürgen Schütz

© 2009 by Septime Verlag
Alle Rechte vorbehalten

Diese Publikation wurde mit Unterstützung des Instituto Cervantes, Wien, hergestellt.

Produktion: Jürgen Schütz
Umschlag & grafische Gestaltung: Jürgen Schütz & Rudolf Mayer
Umschlagbild: Xavier Teixidó nach der Ausgabe von 2002, Destino
Grafische Umsetzung: Rudolf Mayer
Lektorat: INTERLINEARIS Schreib- und Übersetzungsbüro, Wien
Gesamtherstellung: GRASL Druck & Neue Medien GmbH, Bad Vöslau
Printed in Austria

Septime Verlag, Wien

E-Mail: office@septime-verlag.at
Internet: www.septime-verlag.at

ISBN: 978-3-902711-00-7

PERSPEKTIVENWECHSEL No 1

Julio Cortázar
Fantomas gegen die multinationalen Vampire

und andere Erzählungen aus und über Lateinamerika

SEPTIME

Inhalt

Liebe Leserin, lieber Leser!

Am 12. Februar 1984 starb der große argentinische Schriftsteller Julio Cortázar, der neben Jorge Luis Borges wie kein anderer die Literaturlandschaft Lateinamerikas im 20. Jahrhundert prägte. Nahezu jedes seiner Werke wurde ins Deutsche übertragen, doch es finden sich mitunter noch Texte von Cortázar, bei denen dies nicht der Fall ist, so wie jener, der dieser Anthologie ihren Namen gab: die 1975 veröffentlichte Erzählung *Fantomas contra los vampiros multinacionales*, die zum 25. Todestag des Autors hier nun erstmals in deutscher Übersetzung erscheint. Ihr vorangestellt haben wir einen Text des Literaturnobelpreisträgers Gabriel García Márquez, in dem er den außergewöhnlichen Schriftsteller würdigt.
Ebenfalls erstmals auf Deutsch lesen Sie in dieser Ausgabe der Reihe PERSPEKTIVENWECHSEL Roberto Bolaños Erzählung *Labyrinth* sowie Texte von lateinamerikanischen Autoren der jüngeren Generation wie Santiago Roncagliolo, Guadalupe Santa Cruz und Juan Villoro. Claudia Hammerschmidt verfasste ein kurzes Porträt des kubanischen Schriftstellers Guillermo Cabrera Infante, das von einem Ausschnitt aus dessen großem Roman *Drei traurige Tiger* begleitet wird. Drei deutsche Autoren – Alban Nikolai Herbst, Matthias Politycki und Keto von Waberer – runden mit ihrem jeweiligen Blick auf den lateinamerikanischen Erdteil das Buch, das uns am Herzen liegt und welches Sie nun in Händen halten, ab.

Jürgen Schütz

Das Paradies habe ich mir immer
als eine Art Bibliothek vorgestellt.
Jorge Luis Borges

Gabriel García Márquez

wurde, wie er in seiner Autobiografie *Leben, um davon zu erzählen* schreibt, 1927 oder anderen Quellen zufolge 1928 in Aracataca, Kolumbien, geboren. Nachdem er bei seinen Großeltern aufgewachsen war, erhielt er im Alter von zwölf Jahren ein Stipendium, das ihm den Besuch eines Jesuitenkollegs nahe der Hauptstadt ermöglichte. 1946 begann er ein Jurastudium an der Universität von Bogotá, das er letztendlich aber wieder abbrach. Ab 1954 arbeitete er als Journalist. Diese Tätigkeit führte ihn in den Folgejahren auf zahlreiche Auslandsreisen nach Mexiko, in die USA und nach Europa. Seinen ersten Roman *Laubsturm* veröffentlichte García Márquez 1955.

Die Reportage *Bericht eines Schiffbrüchigen* löste einen nationalen Skandal aus, weil sie den kolumbianischen Diktator Rojas Pinilla kompromittierte. Um sich vor Angriffen zu schützen, musste García Márquez das Land verlassen. Er lebte in Mexiko, später in Barcelona und kehrte danach wieder nach Lateinamerika zurück. Der Freund Fidel Castros hielt immer wieder Reden und verfasste Texte, in denen er seinen Unmut über diktatorische Regime und andere gesellschaftliche Missstände artikulierte. 1967 veröffentlichte er seinen Roman *Hundert Jahre Einsamkeit*, mit dem ihm der Durchbruch als Schriftsteller gelang. Das Buch beinhaltet eine fantasievoll ausgestaltete, teils magisch-realistische, im Kern sozialkritische Synthese der Vergangenheit und Gegenwart Kolumbiens. Ein weiteres bedeutendes Werk des Schriftstellers ist der erzähltechnisch kompliziertere Roman *Der Herbst des Patriarchen*, eine albtraumhaft visionäre Darstellung des Phänomens der lateinamerikanischen Diktatoren. 1982 erhielt García Márquez den Nobelpreis für Literatur. 1986 nannte der peruanische Schriftsteller Mario Vargas Llosa seinen Freund García Márquez einen „Höfling Castros" – die daraufhin einsetzende Feindschaft zwischen den beiden spaltete Lateinamerikas Intellektuelle in zwei politische Lager. Im selben Jahr wurde García Márquez' Roman *Das Abenteuer des Miguel Littín* in Chile aus politischen Gründen öffentlich verbrannt und verboten.

„Gabo", wie er von seinen Freunden genannt wird, veröffentlichte zahlreiche Romane, Essays, Reportagen, Erzählungen, Drehbücher und vieles mehr. Seine Werke landen regelmäßig in den Bestsellerlisten.

Gabriel García Márquez war außerdem Vize-Präsident im II. Russell-Tribunal, das Gegenstand der im vorliegenden Band enthaltenen Erzählung *Fantomas gegen die multinationalen Vampire* von Julio Cortázar ist. Den folgenden Essay schrieb der Kolumbianer 1984 kurz nach dem Tod seines Freundes Julio Cortázar.

Der Argentinier, der es fertig brachte, dass alle ihn liebten

Vor etwa 15 Jahren war ich zum letzten Mal in Prag, gemeinsam mit Carlos Fuentes und Julio Cortázar. Wir fuhren mit dem Zug von Paris aus, denn uns alle drei verband die Angst vor dem Fliegen. Wir sprachen von diesem und jenem, während wir durch die geteilte Nacht der beiden Deutschland fuhren, durch ihre ozeangroßen Rübenfelder, ihre riesigen Fabrikanlagen für alles und jedes, durch die Verheerungen furchtbarer Kriege und mörderischer Liebe.

Als es Schlafenszeit war, kam es Carlos Fuentes in den Sinn, Cortázar zu fragen, wie, wann und durch wen das Klavier in den Jazz gekommen sei. Die Frage war eine rein zufällige und verlangte nichts weiter zu wissen als ein Datum und einen Namen, die Antwort indes war ein brillanter Vortrag, der unter gewaltigen Mengen von Bier und elenden Würstchen mit kalten Kartoffeln bis zum Morgengrauen dauerte. Cortázar, der seine Worte sehr gut abzumessen wusste, ließ mit einer kaum zu glaubenden Versiertheit und Klarheit eine geschichtliche und ästhetische Lektion vor uns abrollen, die beim ersten Tageslicht in einer homerischen Apologie von Thelonious Monk gipfelte. Er sprach nicht nur mit einer tiefen, dröhnenden Stimme, das „r“ in die Länge ziehend, sondern auch mit seinen großknochigen Händen, wie ich sie ausdrucksstärker bei keinem anderen Menschen je gesehen habe. Weder Carlos Fuentes noch ich werden je das Staunen jener einzigartigen Nacht vergessen.

Zwölf Jahre später sah ich Julio Cortázar wieder, vor einer Menschenmenge in einem Park in Managua, mit keiner anderen Waffe als seiner wunderschönen Stimme und einer seiner schwierigsten Erzählungen: *La noche de Mantequilla*

Nápoles (Die Nacht von Mantequilla Nápoles). Es ist die Geschichte eines Boxers, der ins Unglück geraten ist, erzählt von ihm selbst im Lunfardo-Dialekt, der Sprache der Unterwelt in Buenos Aires, die zu verstehen uns übrigen Sterblichen völlig verwehrt wäre, hätte nicht so mancher maliziöse Tangotext uns ihre Bedeutung dunkel erahnen lassen. Dennoch hatte Cortázar selbst gerade diese Geschichte ausgewählt, um sie, auf einem Podium stehend, einer Menschenmenge vorzulesen, die sich in einem hell erleuchteten Park versammelt hatte und in der von gefeierten Dichtern und arbeitslosen Maurern bis zu Revolutionsführern und deren Gegnern so ziemlich alles vertreten war. Auch dies ein überwältigendes Erlebnis. Wenn es auch, genau genommen, nicht einmal für wirkliche Kenner des lunfardischen Jargons einfach war, dem Sinn der Erzählung zu folgen, so empfand man doch schmerzhaft die Schläge, die Mantequilla Nápoles in der Einsamkeit des Boxrings einstecken musste, rührten seine Illusionen und sein Elend manch einen zu Tränen, denn Cortázar hatte eine derart intensive Kommunikation mit seinem Publikum hergestellt, dass es niemandem wichtig war, was die Worte besagten oder nicht besagten. Vielmehr schien die auf dem Rasen sitzende Menge gleichsam in einem Zustand der Gnade zu schweben, hervorgerufen einzig durch den Zauber einer Stimme, die nicht von dieser Welt schien.

Mir scheint, dass diese beiden, für mich so bewegenden Erinnerungen an Cortázar ihn auch am besten zu charakterisieren vermögen. Sie enthalten die beiden Extreme seiner Persönlichkeit. Im Privaten, wie damals im Zug nach Prag, vermochte er durch seine Redegabe, sein lebendiges Wissen, sein millimetergenaues Gedächtnis, seinen waghalsigen Humor gefangen zu nehmen, durch all das, was aus ihm einen großen Intellektuellen machte, in dem guten Sinn, den dieses Wort zu anderen Zeiten hatte. In der Öffentlichkeit faszinierte er das Publikum, trotz seiner Abneigung, sich zur Schau zu stellen, durch eine zärtliche und zugleich fremdartige Präsenz, die etwas Übernatürliches hatte und der man sich nicht entziehen konnte. In beiden Fällen war er der beeindruckendste Mensch, den ich je das Glück hatte, zu kennen.

Und dies vom ersten Augenblick an, seit dem Ende jenes traurigen Herbstes 1956, in einem Pariser Café mit englischem Namen, in das er gelegentlich zu gehen pflegte, um, wie Jean-Paul Sartre dreihundert Meter von dort entfernt, an einem Tisch in der Ecke zu schreiben, in ein Schulheft und mit einem richtigen Füllfederhalter, der ihm die Finger befleckte. Ich hatte *Bestiarium*, seinen ersten Erzählband, in einem billigen Hotel in Barranquilla gelesen, wo ich für eineinhalb Pesos zwischen schlecht bezahlten Balljungen und glücklichen Huren schlief, und schon nach der ersten Seite war mir klargeworden, dass ich es mit einem Schriftsteller zu tun hatte, wie ich einmal einer werden wollte, wenn ich groß sein würde. In Paris erzählte mir dann jemand, dass er im Café Old Navy auf dem Boulevard Saint-Germain schrieb, und dort wartete ich etliche Wochen auf ihn, bis ich ihn eines Tages wie eine Erscheinung eintreten sah. Er war der größte Mann, den man sich vorstellen konnte, mit dem Gesicht eines lasterhaften Kindes, eingehüllt in einen riesigen schwarzen Umhang, der mir eher wie die Tracht eines Witwers vorkam. Seine Augen standen sehr weit auseinander, wie die eines Jungstiers, und sie waren schräg und so hell, dass sie die Augen des Teufels hätten sein können, wären sie nicht beherrscht gewesen von der Wärme des Herzens.

Jahre später, als wir bereits Freunde waren, meinte ich, ihn geradeso wiederzusehen wie an jenem Tag, schien mir doch, er habe sich selbst in einer seiner vollendetsten Erzählungen – *Der andere Himmel* – in der Gestalt eines namenlosen Lateinamerikaners wiedererschaffen, der aus reiner Neugierde den Hinrichtungen durch die Guillotine beiwohnt. Als hätte er dabei vor dem Spiegel gestanden, beschreibt Cortázar ihn folgendermaßen: „Ich sah, wie er seinen Absinth bezahlte …, während er einen abwesenden Blick über uns gleiten ließ …, einen Blick, der seltsam durchdringend war, als wäre sein Gesicht im Schlaf erstarrt und er scheue den Schritt, der ihn in den Zustand des Wachseins zurückbringen könnte." Seine Gestalt war mit einem weiten, schwarzen Havelock bekleidet, ähnlich dem Umhang Cortázars selbst, als ich ihn zum ersten Mal gesehen hatte, und der Erzähler wagte nicht, sich ihm zu nähern, um ihn nach seiner Herkunft zu fragen, aus Furcht vor der kalten Wut, mit der er selbst auf eine ähnliche Befragung reagiert hätte. Das Merkwürdige ist, dass auch ich es nicht gewagt hatte, mich Cortázar zu nähern an jenem Nachmittag im Old Navy, aus eben dieser Furcht. Ich sah zu, wie er mehr als eine Stunde lang schrieb, ohne Pause, um nachzudenken, nichts weiter zu sich nehmend als ein halbes Glas Mineralwasser, bis es auf den Straßen zu dunkeln begann, er den Federhalter in der Tasche verwahrte und mit dem Heft unter dem Arm hinausging, wie der längste und hagerste Schüler der Welt. Sooft wir uns Jahre später sahen, war sein dichter, dunkler Bart das einzige, was sich an ihm geändert hatte, denn bis vor kaum zwei Wochen schien die Legende von seiner Unsterblichkeit der Wahrheit zu entsprechen, hatte er doch niemals aufgehört zu wachsen und war stets in dem Alter geblieben, in dem er auf die Welt gekommen war. Ich habe niemals gewagt, ihn zu fragen, ob dies stimme, so wie ich ihm auch nie erzählt habe, dass ich ihn in jenem traurigen Herbst des Jahres 1956 gesehen hatte, ohne zu wagen, ihn in seiner Ecke im Old Navy anzusprechen, und ich weiß, dass er, wo immer er jetzt sein mag, mich für meine Schüchternheit verfluchen wird.

Idole flößen Respekt, Bewunderung, Zuneigung und, natürlich, großen Neid ein. Cortázar erweckte diese Gefühle wie kaum ein anderer Schriftsteller, aber er weckte auch ein Gefühl, das weniger häufig ist: hingebungsvolle Liebe. Er war, vielleicht ohne es zu wollen, der Argentinier, der es fertig brachte, dass alle ihn liebten. Dennoch wage ich zu denken, dass, wenn es wahr ist, dass die Toten sterben, Cortázar ganz gewiss ein zweites Mal sterben wird aus Scham über die weltweite Bestürzung, die sein Tod ausgelöst hat. Wie kein anderer fürchtete er, im realen Leben wie in seinen Büchern, posthume Ehrungen und Begräbnisprunk. Mehr noch: ich war immer der Meinung, dass der Tod selbst ihm als etwas Anstößiges erschien. In der *Reise um den Tag in 80 Welten* beschreibt er eine Gruppe von Freunden, die das Lachen nicht zurückhalten können angesichts der Tatsache, dass ein gemeinsamer Freund sich zu der Lächerlichkeit hat hinreißen lassen zu sterben. Deshalb, weil ich ihn kannte und weil ich ihn so sehr liebte, weigere ich mich, in das Jammern und Wehklagen um Cortázar einzustimmen. Lieber denke ich, wie er es zweifellos gewollt hätte, weiter an ihn mit der grenzenlosen Freude, dass es ihn gegeben hat, mit dem tiefen Vergnügen, ihn gekannt zu haben und mit der Dankbarkeit, dass er uns ein Werk hinterlassen hat, das unvollendet sein mag, aber so schön und so unzerstörbar wie die Erinnerung an ihn.

Originaltitel: „El argentino que se hizo querer de todos“
von Gabriel García Márquez
© Gabriel García Márquez, 1984
Aus dem Spanischen übersetzt von Elke Wehr
© der deutschen Übersetzung 1984 by Verlag Klaus Wagenbach
Entnommen aus: Freibeuter Nr. 20, 1984

Julio Cortázar

wurde 1914 im von deutschen Soldaten besetzten Brüssel als Sohn eines argentinischen Handelsattachés geboren. 1916 zog die Familie in die Schweiz, nach Ende des Ersten Weltkrieges kehrte sie nach Buenos Aires zurück. Nach einem Studium an der dortigen Universität war Cortázar als Schullehrer tätig. 1938 veröffentlichte er seinen ersten Gedichtband. Mitte der Vierzigerjahre, als Cortázar bereits Professor für französische Literatur an der Universität Cuyo in Mendoza war, erschien seine erste Erzählung.

Nach dem Sieg von Juan Perón bei den Präsidentschaftswahlen 1946 legte Cortázar aus Protest sein Amt nieder. Er absolvierte eine Ausbildung zum Übersetzer für Englisch und Französisch und emigrierte nach Peróns Wiederwahl 1951 nach Frankreich, wo er ein Stipendium erhielt und als Übersetzer für die UNESCO arbeitete.

Neben weiteren Erzählungen begann er auch Romane zu schreiben. 1963 erschien das bekannteste Werk des Argentiniers, *Rayuela,* dessen Titel den Namen eines Kinderspiels bezeichnet, das bei uns als „Himmel und Hölle" bekannt ist. Der Protagonist dieses Romans erinnert an Cortázar selbst, einen an sich und der Welt zweifelnden Intellektuellen im Paris der Fünfzigerjahre, der der Boheme zugeneigt ist und im Kreis von Künstlern aus aller Herren Länder Gespräche über Philosophie, Liebe und Jazz führt. Der Roman stellt ein literarisches Experiment in der Tradition des Nouveau Roman dar: Wie bei einem „Himmel und Hölle"-Spiel, bei dem man über Felder hüpft, die zuvor mit Kreide auf den Asphalt gezeichnet wurden, soll sich der

Leser, gleichsam von Kapitel zu Kapitel hüpfend, durch ein Gerüst von Handlungsvorschlägen lavieren. Der Autor bietet zwei verschiedene Lesarten an: Entweder eine lineare, indem der Leser die ersten 56 Kapitel hintereinander liest, oder aber man beginnt mit dem Kapitel 73 und setzt immer mit jenem Kapitel fort, das am Ende des Textes angeführt ist. Diese, der Autor nannte sie „entbehrliche Kapitel“, die man nun neben der eigentlichen Handlung des Romans liest, thematisieren den künstlerischen Schaffensprozess. *Rayuela* zählt zu den wichtigsten spanischsprachigen Romanen des 20. Jahrhunderts und löste neben anderen Werken den sogenannten Boom der lateinamerikanischen Dichtung in Europa aus. Mit dem Roman *62/Modellbaukasten* (der Titel ist in Anlehnung an das 62. Kapitel von *Rayuela* gewählt) setzte Cortázar 1968 jene Erzählweise fort.

Die zahlreichen Erzählungen, die zudem das literarische Schaffen des Argentiniers prägten, zeichnen sich durch eine Auslotung der Grenzen von Fiktion und Wirklichkeit aus und wirken vom Surrealismus beeinflusst. Neben Jorge Luis Borges war Cortázar einer der bedeutendsten Vertreter dieser neofantastischen Literatur. Seine Erzählung *Teugelsgeifer* diente dem italienischen Regisseur Michelangelo Antonioni als Vorlage für seinen 1966 gedrehten Film *Blow Up*. Cortázar schrieb am Drehbuch mit.

Ab den Sechzigerjahren intensivierte der Schriftsteller, obwohl sein künstlerisches Schaffen darunter litt, sein politisches Engagement. So unterstützte er die kubanische Revolution, die Regierung von Salvador Allende in Chile und später auch die sandinistische Revolution in Nicaragua. 1981 verlieh ihm die französische Regierung die Staatsbürgerschaft. Drei Jahre später verstarb Julio Cortázar an Leukämie.

Die folgende Erzählung *Fantomas gegen die multinationalen Vampire* erscheint hier samt dem Anhang über das II. Russell-Tribunal zum ersten Mal in deutscher Sprache.

Julio Cortázar

Fantomas gegen die multinationalen Vampire

Eine realisierbare Utopie

Wie der Erzähler unserer faszinierenden Geschichte sein Hotel in Brüssel verließ, von den Dingen, die er auf der Straße sah, und was ihm auf dem Bahnhof widerfuhr

Die Sitzung des zweiten Russell-Tribunals in Brüssel war zu Mittag zu Ende gegangen* und der Erzähler unserer faszinierenden Geschichte musste in sein Pariser Domizil zurückkehren, wo eine Heidenarbeit auf ihn wartete, weshalb er wenig Lust verspürte heimzufahren. Das war auch der Grund, warum er lieber in Cafés verweilte, den Mädchen, die über die Plätze schlenderten, nachschaute und überall wie eine Fliege herumschwirrte, anstatt sich auf den Weg zum Bahnhof zu machen.

Er würde gleich im Zug Zeit haben, um über die Geschehnisse dieser harten Arbeitswoche nachzudenken. Im Augenblick aber war er nur daran interessiert, den Gedanken eine Ruhepause zu gönnen und sich dem Nichtstun hinzugeben, was er sich seines Erachtens reichlich verdient hatte. Es gefiel ihm außerordentlich, durch eine große Stadt zu streifen, vor Schaufenstern zu verweilen, ab und zu einen Kaffee oder ein Bier an Orten zu trinken, wo die Leute über andere Dinge sprachen und ein anderes Leben führten, und vor allem gefiel es ihm, die belgischen Mädchen zu betrachten, die wie im Grunde alle übrigen Mädchen dieser Welt auch sehens- und bewundernswert waren. So geschah es, dass unser Erzähler

* Leser, die Näheres über dieses Tribunal erfahren möchten, finden Einzelheiten dazu im Anhang auf Seite 79. Ein freundschaftlicher Rat: Lesen Sie den Anhang zum Schluss, wozu soll man sich belasten, wenn hier alles aufs Schönste vor sich geht.

lange Stunden damit zubrachte, abzudriften, herumzugondeln, den Kurs zu ändern und an unterschiedlichen Orten Brüssels vor Anker zu gehen, bis er jäh zwischen zwei Schlucken Gin und einem Zigarettenzug, der genau zwischen den zuvor erwähnten Schlucken lag, etwas Eigenartiges bemerkte: die unverkennbare Anwesenheit einer Menge von Lateinamerikanern an den verschiedensten Orten der Stadt.

Er ging die vergangenen Stunden noch einmal in Gedanken durch (nur kurz, sonst würde ihm der Zug noch davon fahren, aber andererseits war er nur mehr einen Häuserblock vom Bahnhof entfernt, und mit einem guten Sprint würde er rechtzeitig ankommen) und erinnerte sich an die zwei Dominikaner, die sich angeregt auf dem Hauptplatz miteinander unterhielten, an den Bolivianer, der einem anderen erklärte, wie man ein Hemd im Supermarkt im Zentrum kauft, und an die Argentinier, die Zweifel an der Qualität des Cafés äußerten, einander dann jedoch mit festem Schulterklopfen Mut einflößten und ein Lokal betraten, das sie möglicherweise unter Todesqualen wieder verlassen würden. Er dachte an die Mädchen (Kolumbianerinnen? Venezolanerinnen?), deren Tonfall ihn zu dem Entschluss geführt hatte, sich ihnen so weit wie möglich zu nähern, ganz zu schweigen von den Miniröcken, die einen anderen wichtigen Grund seines Interesses bildeten. Kurz gesagt, Brüssel schien merklich vom lateinamerikanischen Kontinent erschlossen worden zu sein. Dieses Detail erschien dem Erzähler eigenartig und gleichzeitig schön. Er dachte, dass eine Woche Arbeit im Tribunal, wo Spanisch die vorherrschende Sprache gewesen war, ihn wohl zu sehr für rein touristische Phänomene empfänglich machte. Aber gleichzeitig hatte er den Eindruck, dass dem nicht so war und dass sogar die Luft nach Pampas, Savannen und Urwäldern roch, was recht selten in einer Stadt vorkommt, die derart voll mit Belgiern und Bierkneipen ist.

„Exilanten, natürlich“, dachte der Erzähler. „Das ist weder hier noch anderswo verwunderlich.“ Aus Chile, aus Uruguay, aus Santo Domingo, aus Brasilien: Exilanten. Aus Bolivien, aus Kolumbien, die Liste war lang und immer dieselbe: Exilanten. Einige hatten sich vermutlich eingefunden, um an den Sitzungen des Russell-Tribunals teilzunehmen und ein Zeugnis von Verfolgung und Folter abzulegen. Andere waren bereits da und verdienten sich ihren Lebensunterhalt, so gut sie konnten, oder überlebten in einer Welt, die noch nicht einmal feindlich war, sondern einfach anders, unzugänglich und fremd. In München, in Paris, in London war es dasselbe, die lateinamerikanischen Stimmen, die erkennbaren Gesten, das Lächeln oder das lange, wehmütige Schweigen. Tourismus: Schon allein das Wort war eine Beleidigung, eine Ohrfeige. Der Unterschied zu den Touristen, ihrer Art, sich zu kleiden, und ihrem Urlaubsflair war wohl erkennbar. Von all jenen, die er eben gesehen hatte, waren vielleicht nur die beiden Venezolanerinnen Touristen. Die Übrigen waren da, weil sie der Hass ferner Despoten hinweggefegt hatte, und boten ihrem Schicksal mit ungewissem Ausgang die Stirn. Die Exilanten, der flüchtige Duft von Pampas, Savannen und Urwäldern.

Eine unnütze Traurigkeit überkam den Erzähler, er riss sich von ihr los und überwand die Entfernung, die ihn vom Bahnhof trennte, mit Überschallgeschwindigkeit. Die Reise würde lange dauern und er dachte daran, eine Zeitung oder eine Zeitschrift zu kaufen. Er sah den bunten Kiosk am Durchgang zu den Bahnsteigen, und da noch sieben Minuten Zeit bis zur Abfahrt des Schnellzugs verblieben, stürzte er in Richtung des möglichen Lesestoffs. Aber er hatte nicht mit dem Unvorhersehbarbaren in Gestalt einer gekrümmten Frau mit Brille inmitten einer Festung aus bedruckten Blättern gerechnet, die ihn ernst ansah und abwartend verharrte.

„Meine Dame“, sagte der Erzähler verdutzt, nachdem er einen Blick auf den Kiosk geworfen hatte, „das Einzige, was hier zu sehen ist, sind mexikanische Blätter.“

„Was soll man machen?", sagte die Frau ergeben, „es gibt Tage, an denen alles Mögliche passiert."
„Aber das ist unmöglich. Sie wollen mich reinlegen und haben die belgischen Zeitungen versteckt."
„Moi, monsieur?"
„Ja, meine Dame, obwohl mir die Gründe für Ihr ungewöhnliches Verhalten eher unbegreiflich erscheinen."
„Ah, merde alors", sagte die Alte, „kommen Sie mir bloß nicht mit Beschwerden, ich verkaufe, was mir der Vertragshändler in die Regale räumt, ich habe schon genug mit meinen Krampfadern zu tun und mit meinem Mann, der sich radioaktive Strahlung durch verseuchte Seehechte eingefangen hat. Sagen Sie mir, ob das ein Leben ist!"
„Meine Dame, ich muss also, wenn ich mich von hier bis Paris über den Lauf der Geschichte informieren möchte, eine aztekische Zeitung über mich ergehen lassen?"
„Schauen Sie, mein Herr", die Alte sah ihn überrascht an, „die Geschichte ist nun mal ungefähr so wie ein Steak mit Pommes frites. Man bestellt es egal in welcher Gegend und es hat immer denselben Geschmack."
„Einverstanden, aber …"
„Wer weiß", sagte die Frau, „weil, wenn ich es jetzt recht bedenke, dann ist das mit den mexikanischen Zeitungen wohl eher ein Streich, was meinen Sie?"
„Na, wenigstens geben Sie es zu", freute sich der Erzähler, „Mexiko liegt zum Teufel noch mal nicht zwei Häuserblocks von Belgien entfernt und …"
„Sicher", sagte die Frau, „diese Länder liegen neben Asien, das weiß man doch. Glauben Sie, dass die Seehechte in Mexiko auch verstrahlt sind?"
„Seehecht kenne ich kaum", gestand der Erzähler. „Auf meinem Speiseplan nimmt Rind einen festen Platz ein, da ist nichts zu machen."
„Das ist schade", sagte die Frau, „weil er überbacken und mit einem Petersilienkränzchen an und für sich herrlich ist. Davon dass er phosphoresziert, wenn man nachts das Licht

ausschaltet, will ich gar nicht erst reden. Sie sollten mal sehen, wie schön er aussieht, so mitten auf der Platte. Der Arzt kann sagen, was er will, aber die Radioaktivität hat ihren Reiz."

„Und muss ich Ihnen diese Zeitschrift nun mit mexikanischen Adlerdollars bezahlen, meine Dame?"

„Keineswegs. Der Vertragshändler akzeptiert keine Vögel, wir sind hier in Belgien und Sie berappen mir zwei Francs für diese Zeitschrift."

„Mir fährt der Zug davon, meine Dame", sagte der Erzähler erregt.

„Ihre Schuld, mein Herr, wenn Sie kein Kleingeld haben. Zwei, drei, vier, fünf und dieser Fünfer und der andere Fünfer machen fünfzehn. Warten Sie, ich habe keine Münzen mehr, also gebe ich Ihnen eins, zwei, drei, vier und fünf, insgesamt zwanzig, *merci beaucoup*."

„Ach, du lieber Himmel, auf welchem Bahnsteig wird er wohl sein?"

„Gleis vier, mein Herr, alle Züge nach Paris fahren von Gleis vier ab, bis auf einige, die von Gleis acht abfahren, und gerade fällt mir ein, dass es noch einen am Nachmittag gibt, der …"

Wie es dem Erzähler gelang, im allerletzten Augenblick den Zug zu nehmen (und ab nun hören die Kapitelüberschriften auf, da zahlreiche schöne Bilder beginnen, die diese faszinierende Geschichte unterteilen und das Lesen erleichtern)

In der Art mit Lesestoff versorgt wie soeben erklärt, erklomm der Erzähler den Schnellzug nach Paris, der bereits an Geschwindigkeit zulegte, und nach vierzehn Waggons, die von Touristen, Geschäftsmännern und einer japanischen Reisegruppe überquollen, stieß er auf ein Sechserabteil, wo schon fünf damit rechneten, dass sie mit etwas Glück mehr Platz haben würden. Aber – zack – schwang der Erzähler die Reisetasche ins Netz und platzierte sich seitlich zum Gang, nicht ohne eine Blondine auf dem Sitz gegenüber eingehend zu mustern, deren eines Ende aus einem Paar Schühchen mit stratosphärischer Abschussrampe bestand, sich in abfolgenden Stufen fortsetzte und in einer platinblonden Kapsel gipfelte, die bereits von Rauchschwaden eingehüllt war wie jenen, die am Kap Kennedy aufsteigen, bevor der Countdown vollends auf Null zugeht.

Diese garstigen Menschen saßen also folgendermaßen:

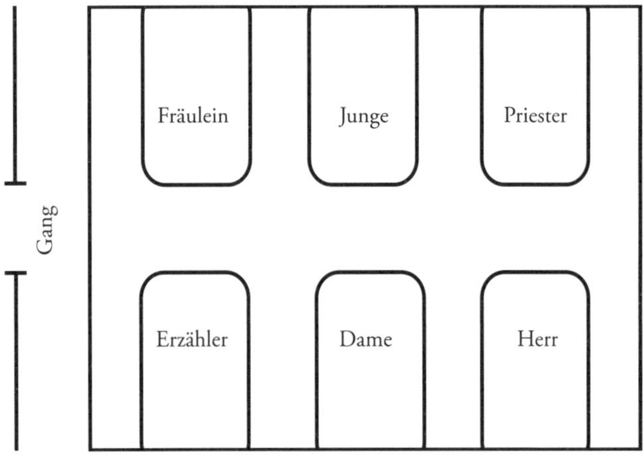

Das Unangenehmste war, dass der Priester, das Fräulein und der Herr jeweils Gazetten in der Nationalsprache auseinanderfalteten, solche wie *Le Soir*, *Vedettes* und so fort, und es daher nahezu blödsinnig wirkte, ein Heftchen voller Knallfarben aufzuschlagen, auf dessen Umschlag ein Gentleman mit violettem Umhang und weißer Maske kopfüber auf den Leser zustürzte, als wolle er ihm seinen unsinnigen Kauf vorwerfen, ganz zu schweigen davon, dass im rechten unteren Eck eine kleine Anzeige von Pepsi-Cola prangte. Es war im Übrigen unmöglich, nicht zu bemerken, dass die Platinblonde einen Röntgenblick auf das Heft warf, gefolgt von einem allgemeinen Gesichtsausdruck, der zwischen Kaum-zu-glauben-in-seinem-Alter und Jeden-Tag-bringen-sie-uns-noch-mehr-Ausländer-ins-Land schwankte, eine zweifache Schlussfolgerung, die freilich jeden Eroberungsversuch des Erzählers erschweren sollte, als die solidarische Atmosphäre zu herrschen begann, die in Zugabteilen für gewöhnlich nach Kilometer neunzig eintritt. Aber Comic-Hefte haben das nun mal an sich, man schätzt sie gering und so weiter, aber gleichzeitig beginnt man sie anzusehen, und irgendeines davon, sei es ein Fotoroman oder *Charlie Brown* oder *Mafalda*, gewinnt einen schließlich für sich, und im nächsten Moment präsentiert *FANTOMAS, die elegante Bedrohung,*

DIE INTELLIGENZ IN FLAMMEN

„Fahrausweise", sagte der Schaffner.

„Eine außergewöhnliche Episode … die Weltkultur geht in Feuer auf … Sehen Sie FANTOMAS in Bedrängnis, wie er sich mit den bedeutendsten zeitgenössischen Schriftstellern berät!"

„Welche werden das wohl sein?", dachte der Erzähler, der bereits wie eine Sardine im Nylonnetz zappelte, aber entschlossen war, das Gesetz des Spiels zu akzeptieren und Bildchen für Bildchen zu lesen, ohne sich zu beeilen, wie es die

Erfahrung des Vergnügens gebietet, das jeder schlaue Fuchs kennt und achtet, ein bisschen notgedrungen, das muss gesagt werden. Kurz und gut, es ging um folgendes Problem:

Um irgendwie ins Gespräch zu kommen, wäre es so angenehm gewesen, wenn er dem platinblonden Mädchen eines der ersten Bilder hätte zeigen und sie fragen können: „Finden

Sie, dass dieser Herr wie der Direktor der Londoner Bibliothek aussieht?", damit sie endlich ihre *Vedettes Intimes* mit rauen Mengen an Alain Delon und Romy Schneider beiseitelegte – denn in Wirklichkeit ähnelte dieser Herr vielmehr einem pensionierten General aus Guadalajara –, aber der überhebliche Fahrgast verfolgte Zeile für Zeile die ehelichen Zwischenfälle von Sylvie Vartan, sodass es Zeit im Überfluss gab, in der der Bibliotheksdirektor die Abwesenheit von zweihundert Wiegendrucken entdeckte, weswegen er auch entsetzt den schottischen Hof, besser bekannt als Scotland Yard, anrief, und Inspektor Gerard, kurzum, jeder konnte die Szene mitverfolgen, zumal:

„Stört es Sie, dass ich rauche?"

„Im Gegenteil, zufällig wollte ich Sie gerade um Feuer bitten", sagte das platinblonde Mädchen, wobei es sich mit einiger Mühe von Claudia Cardinales Scheidung losriss.

„ Mir scheint, Sie sind Italienerin", sagte der Erzähler, „da ist etwas in Ihrem Tonfall oder in Ihrem Haar."

„Ich bin Römerin", sagte das Mädchen und erntete damit

großen Erfolg bei dem Priester, der ihr ein die ganze Christenheit einschließendes Lächeln schenkte.

„Genau in Rom geschehen gerade schreckliche Dinge“, sagte der Erzähler, „sehen Sie mal hier.“

„*Non e possibile!*“, verdrehte das Mädchen seinen Körper, nachdem es den Zeitungsverkäufer angestarrt hatte, der die abscheulichen Neuigkeiten verkündete. „Ist Ihnen bewusst, dass auch die Bibliothek zerstört wurde?“

Der Erzähler zog es vor, über die leichte Wissenslücke hinwegzugehen, umso mehr als das, was im Heft geschah, vor Kultur strotzte; die europäischen Bibliotheken entdeckten, dass die Werke von Victor Hugo, Gautier, Proust, Dante, Petrarca und Petronius, ganz zu schweigen von Chaucer, Chesterton und H. G. Wells verschwunden waren, und in ebendiesem Moment verließ ein junges, schlankes Paar ein Theater, in dem *Die Dreigroschenoper* aufgeführt wurde, und das betreffende Mädchen schien wissbegierig zu sein, wie sich sechs Bildchen weiter leicht nachweisen ließ:

Der schlaue Erzähler hatte begriffen, dass der junge Mann niemand-Geringerer-als-Fantomas-war, und bevor sich die Dinge zu überstürzen begannen, beschloss er, das Heft und die Augen zu schließen (das blonde Mädchen, vertieft in die ernsthaften finanziellen Probleme des armen Aristoteles Onassis, behandelte ihn wieder wie Luft) und ganz sacht in sanften Schlummer zu gleiten. Acht Tage Arbeit im Russell-Tribunal, mit einer letzten Sitzung bis zum frühen Morgen, Stunden über Stunden, in denen er Berichterstattern und Zeugen zugehört hatte, die Beweise für die

Unterdrückung in so vielen Ländern Lateinamerikas und die Rolle der transnationalen Gesellschaften bei der Plünderung der Haushalte und der Vorherrschaft auf politischer Ebene beisteuerten, und parallel dazu, weil die wirtschaftliche Vorherrschaft weitere Vorherrschaften, weitere Mittäter, weitere Opfer erforderte, die Wiederholung – bis zur Übelkeit – von Zeugenaussagen über Mord, Folter, Verfolgung, die Gefängnisse in Chile, Brasilien, Bolivien, Uruguay und und und. Wie ein Zeichen, das niemand mehr erwähnte, den blutigen Schatten des Nationalstadions von Santiago, glaubte der Erzähler erneut die Stimmen zu hören, die sich im Laufe der Zeit und der Länder häuften, die Stimme der chilenischen Schriftstellerin Carmen Castillo, die vor dem Tribunal vom Tode ihres Gefährten, des Politikers Miguel Enríquez, erzählte, die Stimme der jungen kolumbianischen Ureinwohner, die die gnadenlose Vernichtung ihres Volkes enthüllten, die Stimme des ehemaligen chilenischen Wirtschaftsministers Pedro Vuskovic, der die Anklage erhob und die Verurteilung der US-Regierung und ihrer vielfachen Komplizen und Gehilfen wegen fortwährender Verletzung der Menschenrechte und des Rechtes jedes Volkes auf Selbstbestimmung und wirtschaftliche Unabhängigkeit forderte. Dann und wann, wie ein hartnäckiges Echo, erhob sich jemand, um Zeugnis über Tode und Folterungen abzulegen, ein Chilene, der die vom Militär angewandten Methoden vorführte, ein Argentinier, ein Uruguayer, die Wiederholung einer Abfolge von Höllen, die endlose Gegenwart der gleichen Vergewaltigung, des gleichen Eimers von Exkrementen, in den man das Gesicht eines Häftlings taucht, des gleichen Stromschlags auf der Haut, der gleichen Zange an den Fingernägeln. Und beim Verlassen von all dem (der geistigen Vorstellung von all dem, konnte der Erzähler korrigieren) trat man wieder ins Persönliche ein (aber dann musste das Persönliche ebenso eine geistige Vorstellung des Lebens sein, ein Trugbild, ein gemütlicher Zug von Brüssel nach Paris, eine Ausgabe von *Fantomas*,

eine Zigarette aus schwarzem Tabak, ein platinblondes Mädchen, dessen Fußknöchel soeben den seinen streifte und der vielversprechend und warm war, trotz Onassis und Romy Schneider), eine rein geistige Vorstellung des Lebens, wenn alles andere einfach mit einem Wimpernschlag und einem Themenwechsel schwand. „Es schwindet nicht", dachte der Erzähler, „für mich jedenfalls schwindet es nicht." Und kein warmer Fußknöchel würde es zum Schwinden bringen, auch wenn er als Fußknöchel es wert wäre, als Versprechen des ganzen Beins, einmal mehr diese schwierige Erlangung eines Gleichgewichts darin, wo das Leben aufhörte, seine eigene Vorstellung zu sein, und sich von innen heraus und nach innen suchte.

Und auch so noch, wie war es doch schwer, dem nagenden Gefühl der Schuld zu entrinnen, nicht genug zu unternehmen, acht Tage Arbeit wofür, für eine Verurteilung auf dem Papier, die keine unmittelbare Gewalt zur Vollstreckung bringen würde, das Russell-Tribunal hatte keinen weltlichen Arm, nicht einmal eine Handvoll Blauhelme, um sich zwischen den Eimer mit Scheiße und den Kopf des Häftlings, zwischen den chilenischen Sänger Víctor Jara und seine Henker zu stellen. („Benimm dich", sagte der Herr gerade zu dem Jungen, dessen schlechtes Benehmen einzig darin zu bestehen schien, dass er mit einer Glasmurmel spielte, sie zwischen seinen Händen hin- und herspringen ließ und sie ab und zu vom Boden aufhob.)

Der Erzähler kam den Worten des platinblonden Mädchens zuvor und reichte ihm Feuer. Für viele war dies gutes Benehmen: nicht aus dem gesellschaftlichen Muster auszubrechen. Ein gut erzogener Junge spielt im Zug nicht mit Murmeln, ein Mann, der von einem Tribunal heimfährt, liest keine Comics oder stellt sich nicht die kleinen Brüste eines römischen Mädchens vor; oder ja, doch, er liest Comics und er stellt sich die Brüste vor, aber er *sagt es nicht* und vor allem *schreibt er es nicht*, weil ihm sofort ernsthafte Leute eine dieser Heucheleien an den Kopf werfen würden, dass – aber das ist bekannt und muss hier nicht erörtert werden. Beinahe vergnügt (obwohl ihn die Sache wurmte, das kleine nagende Gefühl einer möglichen Schuld) dachte der Erzähler, dass jemand, der sehr verehrt wurde, gesagt hatte, dass es die erste Pflicht eines Revolutionärs sei, Revolution zu machen, ein Satz, den viele in heißen und gemäßigten Ländern ständig im Munde führten, aber niemandem kam es in den Sinn, bei dieser fast beiläufigen Äußerung auf die Worte „erste Pflicht" zu achten, eine Pflicht, der weitere folgten, da ja diese die erste war. Und diese weiteren wurden nicht aufgezählt, da nichts fehlte, denn als er diesen Satz sagte, hatte Che einmal mehr seine wunderbare Menschlichkeit gezeigt, er hatte „die erste Pflicht" gesagt, während so viele andere „die einzige Pflicht" gesagt hätten, und in diesem kleinen, beliebigen Austausch eines Wörtchens durch ein anderes bestand die große Verwirrung, der grundlegende Unterschied nicht nur in den Verhaltensweisen in der Gegenwart, sondern auch im noch so fernen Schicksal jeder durchgeführten oder durchzuführenden Revolution. „Aus diesem Grund", fasste der Erzähler zusammen, „werden wir *Fantomas* als Zusammenfassung meines Standpunktes in das Thema aufnehmen, und ich brauche nicht deutlicher zu werden und so weiter." Er hatte, nebenbei bemerkt, diese schlechte Angewohnheit zu denken, als ob er gerade am Schreiben sei, und umgekehrt.

„Es ist furchtbar heiß", sagte die Dame, die soeben aus einem wohlverdienten Schläfchen erwachte.

Alle außer dem Jungen blickten in unterschiedliche Richtungen auf der Suche nach Hebeln oder Schaltern, die für gewöhnlich nach solchen aussahen, und es war der Priester, der den Schalter fand, seine Soutane verdeckte ihn fast, und es wurde eine Menge zufriedenes Lächeln ausgetauscht. Da hatte der junge Mann aus dem Heft bereits die schreckliche Nachricht von dem Verschwinden der Bücher berühmter Autoren erhalten, und der Schlussdialog mit seiner Freundin war äußerst romantisch:

Der Übergang zur darauffolgenden Seite war eher schroff, einschließlich auf der Ebene der Moral und der guten Sitten, denn der junge Mann war tatsächlich Fantomas, der sich mit einer geheimnisvollen weißen Maske bedeckt sogleich in seinem durchorganisierten Harem niederließ, umgeben von, na, sagen wir, Sekretärinnen im Minirock, deren Namen den Tierkreiszeichen entsprachen – ein köstlicher Einfall –, und von allen Arten von Fernschreibern, elektronischen Telefonen und anderen technischen Anlagen. Gerade zur rechten Zeit, denn die kleine schwarze Waage und die dunkelhäutige Fische stürzten auf ihren Herrn und Gebieter zu, um ihm zu verkünden, dass soeben die Bibliothek von Kalkutta in Flammen aufging, gefolgt von einer Feuersbrunst in jener von Tokio, deren Gebäude es wert war, kurz betrachtet zu werden …

… und zu denen alsbald jene in Bogotá und Buenos Aires hinzukamen.

„Zum Glück ist unser guter alter Bibliotheksdirektor Jorge Luis Borges schon im Ruhestand", sagte sich der Erzähler, der begann, an dem sehr gebildeten Umfeld des Comicstrips Anteil zu nehmen. Aber es blieb ihm keine Zeit, um über die vorsorgliche Rettung des berühmten Schriftstellers nachzudenken, weil Waage, schwärzer denn je, bereits mit der niederschmetternden Nachricht zurückkam, dass soeben alle Bibeln, alle Göttlichen Komödien und alle Romane von Dostojewski verschwunden seien. Das Schlimmste schien die Bibel zu sein, denn im Fernsehen rätselte man herum: „Es ist schleierhaft, wie alle Bibeln verschwinden konnten, die auf tausend Millionen Exemplare geschätzt werden und über die ganze Welt verteilt sind …"

Fassungslos über das spurlose Verschwinden solch eines Bestsellers konnte der Erzähler nicht umhin, dem Priester davon zu erzählen, es war seine grundlegendste Pflicht und er zögerte nicht, ihm das entsprechende Bildchen zu zeigen, obwohl die Kleidung von Waage und das, was bei Fische sichtbar fein austariert war, kein sehr empfehlenswerter Anblick für Geistliche zu sein schien. Er hätte vorgezogen, es aus nahe liegendem Grund nicht aufzuschreiben, aber der Priester wurde aschfahl und brachte, von einer augenblicklichen Ohnmacht erfasst, nur das Wort „Verdammt!" heraus. Gesprächiger gab sich hingegen der Herr; nachdem er erfahren hatte, was geschehen war, richtete er sich zu voller Größe, die nicht sehr beträchtlich war, auf und schrie:

„Mein persönliches Gutenbergexemplar! Das ist ein Komplott von den Freimaurern!"

Eine eher unsanfte Bremsung bestätigte ihnen, dass sie sich bereits in Paris befanden, und das Verlassen des Abteils hatte ein Durcheinander zur Folge aufgrund einer Mischung aus Tränen, Reisetaschen und Verabschiedungen, ganz zu schweigen davon, dass das platinblonde Mädchen, das den vorherrschenden Gefühlen religiöser oder bibliothekswissenschaftlicher Natur anscheinend gleichgültig gegenüberstand, als Erste davonging, noch bevor der Erzähler das Heft in Sicherheit bringen und seinen Koffer herunterheben konnte, weswegen die Fahrt im Taxi zum Quartier Latin eher melancholisch verlief und ohne ein Fußknöchelchen, das Hoffnungen für diese und die nächsten Nächte in ihm wachrief. Einmal in seiner Wohnung angekommen, gewaschen und mit einem guten Drink versehen, hinderten ihn zwei Kilo zu öffnender Briefe, die auf ihn warteten, daran, weiter etwas von der systematischen Büchervernichtung zu erfahren, und als er endlich beschloss, sich wieder dem Heft zuzuwenden, zog ein für Ferngespräche charakteristisches Klopfgeräusch seine Aufmerksamkeit auf sich. Noch immer von einem Hauch von Kultur umweht, dachte er, dass es womöglich der von ihm sehr geschätzte uruguayische Schriftsteller Juan

Carlos Onetti war, der verrückt geworden war und ihn nach dreiundzwanzig Jahren der Stille anrief, aber kaum dass er seidig weiches Moos hörte, bedächtigen, halbdunklen Samt, wusste er, dass es Susan Sontag war, und sein Herz hüpfte vor Freude, weil Susan auch nicht zu jenen gehörte, die ihre Zeit am Telefon vergeuden.

„Du bist sicher schon unterrichtet", sagte Susan.

„Wovon? Von wo rufst du mich an? Wieso habe ich den Eindruck, dass dir etwas Schlimmes zugestoßen ist, und das, obwohl ich weder telepathisch noch hellseherisch veranlagt bin?"

„Meine Person ist nicht von Interesse", sagte Susan, „aber nachdem man mir die Beine gebrochen hat, hatte ich Zeit, darüber nachzudenken, dass …"

„Die Beine?"

„Ach, du bist also noch nicht davon unterrichtet", sagte Susan. „Aber wie kannst du nicht davon unterrichtet sein, wenn Fantomas dich vor mir angerufen hat?"

Das Üble an dieser Art von Dialogen, pflegte sich der Erzähler zu sagen, ist, dass sie sich über viele Seiten ausdehnen, weil sie vor allem aus einsilbigen Wörtern, Ausrufen, krampfhaften Fragen, beginnenden Erklärungen, die von neuen Fragen unterbrochen werden, und der gegenseitigen Neigung bestehen, einander zu beleidigen, weil man nicht schnell genug geistig folgen kann. All dies spielte sich ziemlich so ab, ließ sich aber jedenfalls in einem Satz von Susan zusammenfassen: „Leg auf und lies weiter, du Dummkopf. Und notiere dir meine Telefonnummer, damit du mich nachher anrufen kannst." Das wurde auch so gehandhabt, und es genügte, das Heft dort aufzuschlagen, wo die Bremsung des ruppigen Lokomotivführers die Lektüre unterbrochen hatte, um eine Anweisung von Fantomas für Waage vorzufinden:

Verbinden Sie mich mit Julio, Octavio, Alberto und Susan. Schnell!
Ich werde es versuchen, mein Herr.

Waage schienen die schönen, klugen Bücher des Erzählers nicht allzu sehr zu gefallen, da trotz der von Fantomas vorgegebenen Reihenfolge der Anrufe der Erste, der sich zu Wort meldete, der Vorletzte war:

Und obwohl der Erzähler die sehr fragwürdige Gewohnheit hatte, in Paris zu wohnen, meldete er sich aus Barcelona, was ihn äußerst erfreute, weil diese Art Gabe der Allgegenwart als Erklärung für viele eher ungewöhnliche Dinge, die sich gerade ereigneten, reichen musste.

Moravia hatte man gedroht, ihn zu töten; dem Erzähler auch, aber mit der näheren Ausführung, dass man ihn köpfen würde. Während er im Begriff war, von Fantomas' letztem Anruf zu erfahren, dachte er mit flüchtigem Entsetzen an diese Ausführung, er dachte an die Vergangenheit und die Gegenwart seines Landes, an die Wiederkehr einer Sachlage, in der die schlimmsten Foltern als nichts Ungewöhnliches erschienen. Ganz im Hintergrund, auf der verlängerten Leinwand des vergangenen Jahrhunderts, galoppierten in der Erinnerung die Mitglieder der Mazorca, des bewaffneten Arms der Sociedad Popular Restauradora, einer politischen Organisation in Argentinien, die Juan Manuel de Rosas, den Gouverneur von Buenos Aires und späteren Diktator, unterstützte. Im Vordergrund wurden die Messer der Gauchos in den Kehlen der gefangenen Unitarier wahrnehmbar, die langsamen Klänge der „Refalosa", zu der die Verse von Esteban Echeverría und Hilario Ascasubi ertönen, die Schneide, die Stück für Stück ins Gewebe dringt, während das von den Scharfrichtern aufrecht gehaltene Opfer seinem eigenen schrecklichen Tod beiwohnt und sagen hört: „Beschweren Sie sich nicht, Amigo, Ihre Mutter hat größere Schmerzen gehabt, als sie Sie zur Welt brachte." Solche Dinge ereigneten sich täglich in Buenos Aires, in den Provinzen, mit Radiomusik, die das Geschrei übertönte, mit Nachrichten in vor Angst mundtot gemachten Zeitungen, die alles auf Begriffe wie schwere Verletzung, Mahnung und Herabwürdigung reduzierten, dieselbe in öffentlichen Akten gerühmte Mazorca, dieselbe Barbarei, die als Wiedereroberung des Vaterlandes dargestellt wurde, in dem Stunde um Stunde die Messer des Unheils und der Verachtung gewetzt wurden. Aber seine Gedanken wurden von jener anderen technischen Folter unterbrochen, die das Telefon darstellt. Fantomas rief in düsterer Stimmung jemanden an, der hinter einer zerbrochenen Glasscheibe saß:

Es gab keinen Grund mehr für ihn, länger zu warten, er rief in der Klinik in Los Angeles an und Susan schien bereits auf ihn gewartet zu haben, sie machte einen Scherz über seine langsame Auffassungsgabe und erzählte ihm von ihrem Gespräch mit Fantomas:

„Ich sehe schon“, sagte der Erzähler, „hat er dich besucht?“

„Er wird heute Nacht oder morgen kommen, aber ich weiß schon alles. Beide Dinge.“

„Beide Dinge, Susan?“

„Ja, du Schnecke. Hör mal, diese Quacksalber in der Klinik lassen mich nicht lange reden, aber genau aus diesem Grund werde ich dir alles ausführlich erklären. Du brauchst noch nicht einmal das Ende der Geschichte zu lesen, weil es vollkommen falsch ist."

„Ich verstehe gar nichts, Susan."

„Du wirst dieses Gespräch bezahlen und ich langweile mich in diesem Bett – also hör zu. Die erste Sache ist die falsche, ich meine das Ende der Geschichte, und sobald Fantomas kommt, werde ich ihm klarmachen, dass er Zeit verloren hat. Der Arme hat ein paar Tage gebraucht, um die Spur aufzunehmen und dahinterzukommen, dass eine Sekte von Irren, die mit elektronischen Vernichtungsmitteln ausgerüstet ist, der Kultur den Krieg erklärt hat und einen Angriff auf die Bücher vor Ort startete, indem sie einen Laserstrahlhagel oder irgendeinen anderen Dreck mit prächtigem Namen abfeuerte. Die Spurensuche endete in Paris, wo ein gewisser Steiner anfangs seine Schuld leugnete, und dann:

Es herrschte ein langes Schweigen und danach war das typische Schlürfen von jemandem, der ein Glas Orangensaft trinkt, zu hören. Der Erzähler zündete sich eine Zigarette an; gleichzeitig nahm er das Geräusch eines anderen Streichholzes, das Tausende von Kilometern entfernt angezündet wurde, und das zufriedene Seufzen von Susan wahr, der man ein striktes Rauchverbot erteilt haben musste.

„Na also, dann", sagte der Erzähler, „und wenn sie nicht gestorben sind, dann leben sie noch heute."

„Ich bin immer zu kurz angebunden, wenn ich dich einen Dummkopf nenne", ertönte Susans Stimme. „Der Herr ist sehr erfreut über das Happy End, er wird sich einen guten Whisky genehmigen (zum Teufel mit ihm, hier gibt es nur stinkende Säfte) und mit einer Rothaarigen oder allein ins Bett gehen, was mir egal ist, damit du es nur weißt. Sein Gewissen ist ruhig, sein Pyjama ordentlich gebügelt und die Beißerchen strahlen, weil er die Zahnpasta Protirene benutzt, die dem kleinen Jungen so gut tut."

„Susan, am liebsten würde ich dich jetzt zum Teufel schicken, aber dazu mag und bewundere ich dich zu sehr. Deine beiden Beine schmerzen mich, Susan, es schmerzt mich, dass ich heute Abend so weit weg von dir bin."

„Du bist ein Schatz", sagte Susan und der Erzähler glaubte, dass sie es im Ernst sagte, und er verspürte plötzlich Lust, die Zimmerdecke entlang zu spazieren, Feuerwerke vom Fenster aus abzufeuern … „Merkst du nicht, du argentinisches Dromedar, dass das alles nur ein Ablenkungsmanöver ist? Die Wahrheit sieht anders aus, Fantomas hat Zeit verloren."

„Aber Steiner …"

„Ich lege mein drittes Bein ins Feuer, dass weder Steiner noch seine Komplizen bei dem Brand ums Leben kamen. Fantomas ist in die schlimmste Falle getappt, nämlich in jene, zu glauben, dass seine Mission damit beendet ist. Jetzt beginnt erst das Wichtige, Julio, jetzt müssen wir handeln."

„Meine Liebe, ich komme gerade so müde aus Brüssel zurück, vielleicht weißt du ja, dass …"

„Ich weiß es, dieses Zimmer ist voll von Zeitungen und ich kann lesen, wenn die Buchstaben groß genug sind. Das Russell-Tribunal in Brüssel, stimmt. Die zweite Tagung zu den lateinamerikanischen Problemen. Ein sehr harter und sehr klarer Urteilsspruch gegen Ford, gegen Kissinger, gegen die Vampirgesellschaften, die ITT und den Rest. Ich habe sie hier, stell dir vor, Freunde bringen mir brandaktuelle Fernschreiben. Das Tribunal … hör mal, was ich nicht weiß, ist, wer im Tribunal saß."

„Wir weichen gerade vom Thema ab", sagte der Erzähler, der auf Fantomas fixiert blieb, hielt aber inne, als er etwas vernahm, das sich wie ein Zähneknirschen anhörte, vielleicht war es aber auch nur ein Geräusch des Telefons, obwohl man bei Susan nie so genau wusste.

„Wir weichen vom Thema ab?", fragte die reizende Patientin mit einer Stimme, die klang, als ob sie Papier mit einem scharfen Messer schneiden würde. „Wenn wir irgendwann einmal beim Thema waren, dann jetzt, du saftloser Gaucho. Wie kann es sein, dass du das nicht merkst? Gewiss, es gibt Millionen, die es auch nicht tun, aber die Leute zahlen für deine Bücher und das bringt geistige Verpflichtungen mit sich, finde ich."

„Wir sind mehr als ein Dutzend", erklärte der Erzähler beiläufig, „Juristen, Wissenschaftler, Theologen, Soziologen, Gewerkschaftsführer und Schriftsteller aus verschiedenen Ländern. Wir sind das, was ein chilenischer Minister kürzlich als eine Marxistenbande bezeichnete. Ich vermute, dass man das glaubt, wenn man von der Junta kommt."

„Diese Generäle sind so sympathisch", sagte Susan, „mit ihren feinsäuberlich gebügelten Uniformen, und immer wie eine Fußballmannschaft, in zwei Reihen und sehr ernsthaft. Nun ja, ihr würdet besser daran tun, wenn ihr der ganzen Welt die Zusammensetzung des Tribunals bekannt geben würdet, weil man nämlich hier, von so gut wie ganz Lateinamerika will ich gar nicht erst reden, nicht sonderlich gut darüber informiert ist."

„Wir tun alles Mögliche, Susan, wir geben Interviews, wir drängen die Journalisten, damit sie die Arbeiten und die Ergebnisse verbreiten, wir gehen ins Fernsehen, manchmal habe ich den Eindruck, einer dieser großen Strichjungen vom Film zu sein, die für Publicity sterben; ich weiß, dass man es machen muss, aber es läuft nicht gut, der Boxkampf und die Stars füllen die besten Seiten, wir sind sehr arm, Susan, uns fehlt …"

„*Dont cry, baby, dont cry*", sagte Susan, „Mama gibt dir eine Banane zum Nachtisch, wenn du brav bist."

„Und deshalb ist unser Urteilsspruch …"

„Er wird gar nichts nützen, Süßer, wenn ihr oder wir den Weg nicht finden, und wenn ich wir sage, spreche ich nicht von den aparten, von den Eliten so sehr verehrten Intellektuellen, sondern von uns und von Millionen Frauen und Männern auf diesem Planeten."

„Solche Dinge wurden jeden Tag im Tribunal gesagt", murmelte der Erzähler eher niedergeschlagen.

„Aus diesem Grund ist es notwendig, dass wir Fantomas die Wahrheit erklären", sagte Susan überraschend, „und morgen werde ich ihn an den Ohren ziehen, dass ihm die Maske eine Woche lang schief herunterhängt. Hör mal, es ist jetzt genug, die Gesichtsfarbe der Krankenschwester hat von krebsrot zu leichenblass gewechselt. Ruf Moravia an, der den Urteilsspruch nicht kennt, und lies ihn ihm vor, morgen werde ich dich anrufen, damit du dich nicht völlig finanziell ruinierst. Schmatzschmatz."

Das bedeutete bei Susan zwei herzliche Küsse, wohingegen die Heiserkeit Moravias so gar nichts Anregendes hatte.

„*Manaccia la miseria*", sagte er zur Begrüßung. „Meine Bibliothek ist völlig leer und vor einer Weile rief mich Italo Calvino aus Paris an, um mir dasselbe mitzuteilen. Die von Mondadori …"

„Wissen wir schon, Alberto, ich habe mir noch nicht einmal die Mühe gemacht, nach meinen Büchern zu sehen, oder nach dem, was von ihnen übrig bleibt. Ich rufe dich nur an, um dir ein paar Dinge zu sagen, bevor ich verrückt werde. Es ist so, dass Susan verlangt, dass ich dir erkläre, was in Brüssel passiert ist, sie hat sich da eine Idee in den Kopf gesetzt und …"

„Ich sehe keinen Zusammenhang."

„Ich auch nicht, aber das Matriarchat macht sich bemerkbar und ich gehorche."

„Der Urteilsspruch steht in allen Zeitungen, ich las ihn, nachdem ich mit Susan gesprochen habe. Er ist nebenbei bemerkt sehr gut, endlich werden einige Dinge bei ihrem wahren Namen genannt. *Porca madonna*, meine Bücher!!!"

„Es sind auch die schlechten verschwunden", sagte ich zu ihm, um ihn zu trösten.

„Fahr zur Hölle!", sagte Moravia und legte mit der Schnelligkeit eines Adlers auf.

Die Nacht war lang und voller Löcher, einem riesigen, das von einem Ende bis zum anderen der Wohnzimmerwand reichte, und weiteren kleinen an diversen Wänden der Wohnung. Der Erzähler musste seinen ganzen Sinn für Humor aufwenden, um die Wirkung zu würdigen, die einige hervortretende Puppen, Poster, Statuetten, Kaleidoskope und afrikanische Kultfiguren plötzlich dort hervorriefen, wo nicht ein einziges Buch zurückgeblieben war. Er fand sogar einige Streichholzschachteln, ein Verhütungsmittel und eine verloren geglaubte Sonnenbrille, ganz zu schweigen von einer dicken Schicht Staubflusen und zwei ansehnlichen kleinen Spinnen, die völlig verstört von einer Seite zur anderen liefen, mit demselben Gebaren, das seine Tante (die des Erzählers) an den Tag gelegt hätte, wenn sie morgens den Hühnerstall aufgesucht und diesen leer vorgefunden hätte. Schließlich, und da er trotz einiger optimistischer Gerüchte über keinen Harem wie Fantomas verfügte, ging er in der einsamen, aber intimen Gesellschaft eines Schlafmittels zu Bett und wachte kraft des Telefons und der Stimme von Octavio Paz auf.

„Susan hat recht", sagte Octavio, „auch ich hatte es nicht gemerkt."

„Hat sie dich vor mir angerufen?", fragte der Erzähler mit entsprechender Eifersucht.

„Ja, und ich sage dir noch einmal, dass sie recht hat. Du wirst schon begreifen, sie wird mit dir in ein paar Minuten sprechen, wir sollten also besser schnell vorgehen."

„Ich …"

„Wir sind komplette Intellektuelle, Julio. Geh meinen Dialog mit Fantomas durch und du wirst sehen, dass ich ihn aus Liebe zur Kunst, zu der er sich bekennt, bitte, etwas zu unternehmen. Wenn ich diesen Text ändern könnte, müsste ich, wo ‚Kunst' steht, ‚Mensch' sagen. Den Rest soll dir Susan erklären."

Er legte nicht so rüde wie Moravia auf, denn wenn man Mexikaner ist, ist man Mexikaner, aber auf alle Fälle legte er auf, und der Erzähler spazierte eine halbe Stunde lang in der Wohnung auf und ab wie die zwei Spinnen und bereitete sich einen Kaffee zu, der ihm wie immer lauwarm und schlabberig geriet, und rauchte mit diesem Ausdruck, den man sich aus Thrillern aneignet. Susans Anruf ereilte ihn, als er nackt war und sich einseifte, und im Gegensatz zu dem, was in dieser Art von Filmen passiert, gab es kein Telefon im Bad, sodass …

„Er ist gerade gegangen", sagte Susan. „Trockne dich erst einmal ab, man merkt es dir allzu deutlich an. Er sagte mir, dass er mit euch Rücksprache halten wird, aber ich bezweifle, dass er es tut, er hat wichtigere Dinge zu erledigen. Fantomas war nicht froh, das muss man sagen, aber ich glaube, ich habe ihn überzeugt, jedenfalls wurde er wie in seinen besten Zeiten, die geschwellte Brust war von Weitem zu sehen und er vibrierte wie ein Jet, bevor die Bremse gelöst wird und er auf der Piste auf und davon braust."

„Würdest du mir verraten, was außer dieser sexy Schilderung noch so passiert ist, Susan?"

„Es ist so, dass Fantomas jetzt weiß, dass sie ihn reingelegt haben, und das ist keine angenehme Feststellung für ihn."

„Sehe ich auch so. Sie haben ihn glauben lassen, dass der Schuldige dieser Irre aus Paris war, und so weiter."

„Mhm. Jetzt wissen er und viele andere von uns, dass die Zerstörung der Bibliotheken nichts weiter als ein Vorspiel ist. Schade, dass ich keine gute Zeichnerin bin, sonst würde ich mich sofort daranmachen, den zweiten Teil der Geschichte, den wahrhaftigen, vorzubereiten. In Worten wird er weniger interessant für die Leser sein."

„Erzähl ihn auf alle Fälle, es ist schon an der Zeit."

„Fühlst du ihn nicht in der Luft?", murmelte Susan und ihre Stimme klang müde und schmerzerfüllt, als ob ihre gebrochenen Beine sie plötzlich in eine Realität aus Gips, Spritzen und nicht enden wollender Pflege zurückriefen. „Julio, Julio, wer ist Steiner wirklich? Wie heißen diejenigen, die das Russell-Tribunal in Brüssel gerade verurteilt hat?"

„Sie haben tausend, zehntausend, hunderttausend verschiedene Namen", sagte der Erzähler mit der gleichen müden Stimme, obwohl seine Beine unversehrt waren, „aber sie heißen insbesondere ITT, insbesondere Nixon und Ford, insbesondere Henry Kissinger oder CIA oder DIA, sie heißen insbesondere Pinochet oder Banzer oder López Rega, insbesondere General oder Oberst oder Technokrat oder Fleury oder Stroessner, sie nennen sich auf eine so spezielle Art und Weise, dass jeder Name Tausende von Namen bezeichnet, so wie das Wort Ameise immer einen Haufen von Ameisen bezeichnet, obwohl sie im Wörterbuch in der Einzahl erklärt werden."

Vom anderen Ende waren ein paar raue, rhythmische Geräusche zu hören, die Beifallsbezeugungen bedeuten konnten, aber wer konnte das schon so genau sagen.

„Nun“, sagte Susan, nachdem sie an etwas genippt hatte, das selbstverständlich kein bitterer Tee war, „wirst du verstehen, warum ich dir vom Urteilsspruch des Tribunals erzählt habe. Das Abenteuer von Fantomas ist einmal mehr der große Bluff, den die Experten des Systems uns zur Ablenkung vor die Nase gesetzt haben, ganz genau so wie seinerzeit die Allianz für den Fortschritt oder die OAS oder die Reform anstatt der Revolution oder die Förder- und Entwicklungsbanken, ich weiß nicht, ob es eine oder achtzehn gibt, und die Stipendien vergebenden Stiftungen und …“

„Nun mal langsam“, sagte der Erzähler, „weniger Aufzählungen und mehr Klarheit, Mädchen.“

„Der große Bluff“, wiederholte Susan. „Der Beweis ist, dass sogar der unfehlbare Fantomas mit Steiner und seiner Bande den Mund zu voll nahm und dachte, dass die Sache erledigt sei, als sie gerade erst anfing. Was sind Bücher ohne die, die sie lesen, Julio? Wozu nützen uns ganze Bibliotheken, wenn sie nur einigen wenigen vergönnt sind? Auch das ist eine Falle für Intellektuelle. Der Verlust eines einzigen Buches erregt uns mehr als der Hunger in Äthiopien, es ist logisch und verständlich und gleichzeitig ungeheuerlich. Und sogar Fantomas, der nur in seiner Freizeit Intellektueller ist, tappt in die Falle, wie wir eben gesehen haben.“

„Du sprichst gerade mit einem Überzeugten“, sagte der Erzähler, „und außerdem wird dich das äußerst teuer zu stehen kommen, Mädchen.“

„*Shit*, du hast recht“, sagte Susan, „kurzum, Fantomas wird dir den Rest erklären. Ruf mich am Abend an, hier ist alles so weiß und riecht so sauber, ich werde mit Nadeln gestochen, es gibt keine Bücher mehr, und das einzig Gute, das es im Fernsehen zu sehen gibt, ist eine Verfilmung eines meiner Romane, den ich auswendig kenne.“

„Meine arme …“, begann der Erzähler, konnte aber seinen

Satz nicht mehr vollenden, weil die Scheiben des Fensters in Splittern durch die Gegend flogen (und dabei ist Glas laut der Wissenschaft eine Flüssigkeit) und Fantomas, wie es seine Angewohnheit war, mit einer weißen Maske und einem stahlblauen Anzug plötzlich inmitten des Wohnzimmers auftauchte. Der Erzähler legte auf, zumal der Krach Susan nur allzu bekannt sein musste, und machte ein mehr oder weniger langes Gesicht.

„Diese verfluchten Dreckskerle", sagte Fantomas, „ich werde nicht einen am Leben lassen, mit mir machen die das nicht, diese Schweinehunde."

„Soll ich die Rechnung dann an dich schicken?", wollte der Erzähler wissen.

„Fische wird sie begleichen, sie ist die Schatzmeisterin. Aber nun rasch an die Arbeit, ich brauche Informationen. Norman Mailer hat mir gerade interessante Hinweise gegeben, und schau mal, was mir Osvaldo Soriano aus Buenos Aires schickt."

Freier Verkauf von Mordausrüstungen

Sonderbarer Handel in Washington aufgedeckt

Washington

Nachdem sie von dem Versuch eines Privatunternehmens erfahren hatten, einer staatlichen Ermittlungsbehörde Mordausrüstungen anzubieten, haben gestern zwei republikanische Senatoren beschlossen, dass die legislative Kontrolle an alle offiziellen Nachrichtendienstorganisationen angeglichen werden muss.

Die von den beiden Senatoren Lowell Weicker von Connecticut und Howard Baker von Tennessee unterbreitete Initiative soll die Einsetzung eines gemeinsamen ständigen parlamentarischen Ausschusses ermöglichen, um die Central Intelligence Agency (CIA), das Federal Bureau of Investigation (FBI) und andere Verbände, die ähnliche Operationen durchführen, zu beaufsichtigen.

Der Ausschuss soll mehr ständigen Charakter aufweisen als das spezielle Senatorenkorps, das ernannt wurde, um hinsichtlich der vermuteten internen Spionage zu ermitteln, die von CIA und FBI durchgeführt wurde.

Beide Senatoren, die im Ausschuss des Oberhauses zum Watergate-Skandal tätig waren, betonten, dass der Umstand, dass ein – mit der Bekämpfung von Drogenmissbrauch beauftragter – Vertreter des Justizministeriums versucht hatte, eine von einem Privatunternehmen angebotene Mordausrüstung zu kaufen, die Notwendigkeit einer stärkeren Kontrolle der Macht der Nachrichtendienste zeige.

In der Ausrüstung enthalten waren Zigarettenpackungen mit versteckten Ladungen, Telefone und Taschenlampen, die per Fernbedienung gesprengt werden können.

Alle diese Bestandteile wurden dem Untersuchungsbeamten der Drug Enforcement Administration (DEA) Lucien Conein von der Firma B. R. Fox Electronics angeboten, als er die in Alexandria, einem Vorort Washingtons, gelegenen Lagerhallen des Unternehmens besuchte.

Ein Sprecher der DEA bestätigte, dass die Behörde nichts von diesem Material kaufte, aber dass man Conein dieses gezeigt hatte, als jener die Absicht verfolgte, eine für eine staatliche Untersuchung zu Drogenhandel erforderliche Tonband- und Spionageausrüstung zu erwerben.

Senator Weicker, der das Sortiment der Firma B. R. Fox öffentlich machte, sagte, dass die Vorrichtungen nur zum Töten verwendet werden können.

„Ich denke, dass es ein überraschender Befund in diesen Zeiten ist, dass Ausrüstungen, die nicht für legale Zwecke gedacht sind, einem Bundesbeamten vorgeführt werden, als wären sie gewöhnliche Waren. Das zeigt, was passiert, wenn wir unsere Pflichten vernachlässigen", betonte er.

Im Warenkatalog des Privatunternehmens ist zur Ausrüstung zu lesen: „Diese Vorrichtungen wurden entworfen und hergestellt, um sie an Agenturen und Behörden der Vereinigten Staaten zu verkaufen, mit dem spezifischen Zweck, sie außerhalb dieses Landes zu verwenden."

„Sie außerhalb des Landes zu verwenden", wiederholte der Erzähler. „Ja, klar, das ist nichts Neues. Aber gib Acht, Fantomas, mit Nachrichten dieser Art dürften sie wohl versuchen, dich auf eine weitere falsche oder zumindest unbrauchbare Fährte zu locken. Du weißt, dass sich Susan im Hinblick auf ihre telefonischen Erklärungen nicht gerade durch Klarheit auszeichnet, und trotzdem denke ich, dass ich begriffen habe."

„Ich auch", sagte Fantomas, setzte sich auf den Boden und holte einen ultradünnen Flachmann mit Grappa heraus, „deshalb will ich genau erfahren, was ihr Superhirne im Russell-Tribunal gemacht habt, weil da laut Susan der Hase im Pfeffer liegt."

„Schau im Anhang nach und du wirst das Nötige finden", sagte der Erzähler, wobei er die letzten Seiten ebendieser Geschichte herzeigte. „Wenn du eine Kurzfassung willst, werde ich sie dir in drei Worten liefern: die multinationalen Gesellschaften. Die ITT kann dir als Zusammenfassung dienen; obwohl sie wie eine Marke brasilianischen Kräutertees klingt, kommt sie von ziemlich weit im Norden her. Soll ich dir zeigen, wie ich sie sehe?"

„Es wäre mir eine überaus große Freude", sagte Fantomas und reichte mir den Flachmann, um mich die Glasscherben auf dem Boden vergessen zu machen.

„So sehe ich sie", sagte der Erzähler:

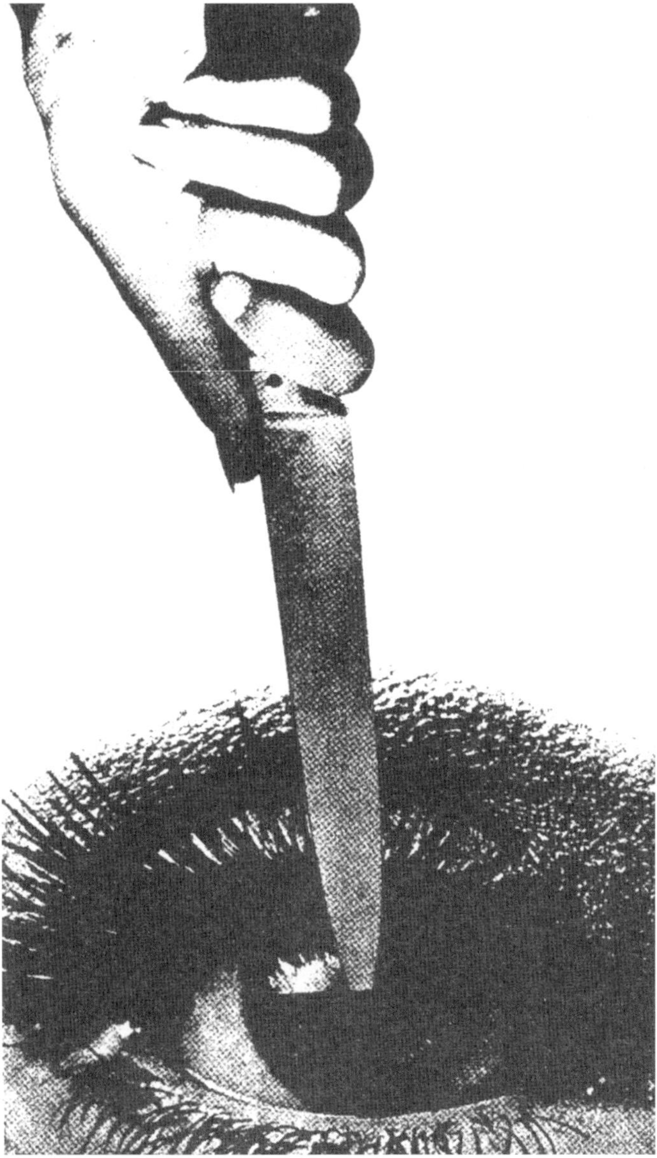

„Das sieht wie der Anfang von *Ein andalusischer Hund* aus", sagte der stets so gebildete Fantomas.

„Alles in unserem Amerika ist der Anfang von diesem Hund, mein Freund, selten haben wir es geschafft, uns etwas von vorne anzusehen, ohne dass die Klinge oder das Messer dazwischenkam, um uns die Augen auszustechen. Aber würdest du, wo wir uns gerade so anregend miteinander unterhalten, mir den Gefallen tun, mir zu sagen, was du aus meinen Worten schließt, was du zu tun gedenkst und gegen wen oder was du deine ungestüme Art richten wirst, Fenster zu zertrümmern?"

„Mailer gab mir eine Liste, ein Freund aus Ecuador ergänzte sie für mich, meine Berichterstatter in London, München, New York und Lima verarbeiten gerade einige nebensächliche Details, die zur Vervollständigung des Mosaiks erforderlich sind, auf elektronischem Weg, kurz, sagen wir mal so: Waage wird hier in einer halben Stunde anrufen."

„Was für eine Freude", sagte der Erzähler, der, nachdem er sie in dem Heft gesehen hatte, eine besondere Schwäche für ihre ebenso dunklen wie seidig glänzenden Beine empfand. Als Waage sich, zart raunend wie eine Antilope am Rande einer Quelle, meldete, erachtete es der Erzähler als seine Pflicht, alle Informationen persönlich zu notieren, obwohl Fantomas sich geneigt zeigte, selbst zum Hörer zu greifen. Aus solch einem romantischen Gespräch heraus entstand eine Liste mit Namen und Adressen, die Fantomas in Sekundenschnelle auswendig lernte, wonach er das zuvor in Grappa eingeweichte Papier verbrannte: Der Erzähler wusste seinerseits genügend über das Thema, um die vielfachen Daten in einem einzigen Bild zu versinnbildlichen, dessen Vervielfältigung nicht einmal ein beschwipstes Huhn getäuscht hätte:

„Diese Angelegenheit ärgert mich ein klein wenig, mein Freund", sagte Fantomas. „Ich bin, wie du weißt, fürs direkte Handeln, und das mit den Multinationalen erschwert meine Strategie im Boxring, ganz zu schweigen davon, dass sie wie diese Würmer sind, die sich, je mehr man sie in Stücke schneidet, umso schneller vermehren und nach allen Seiten davonjagen. Gestern Abend habe ich Gabriel García Márquez vorgeschlagen, mich ausschließlich der CIA zu widmen, weil ich sie besser kenne, und außerdem glaube ich fest daran, dass sie es war, die mir die Sache mit Steiner eingebrockt hat, diese tausendfachen Scheißkerle. Aber Gabo brach in schallendes, todesverliebtes Gelächter aus, ganz zu schweigen von Susan vor einer Weile. Es ist schade, weil der CIA, siehst du:"

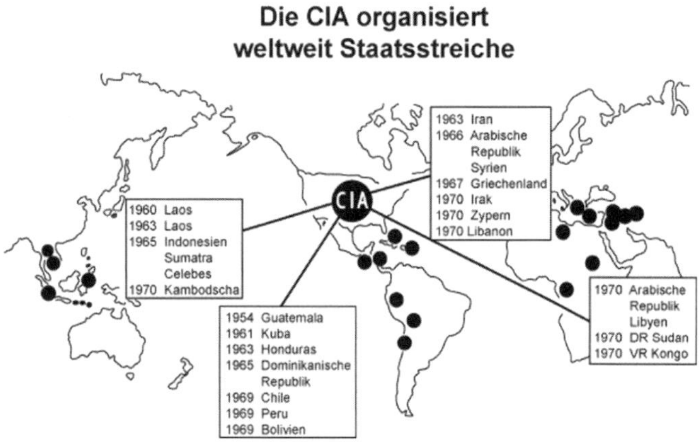

„So einfach“, fasste Fantomas seufzend zusammen, „man muss nur der Landkarte folgen, und piff-paff versetze ich ihnen in einer Woche einen gewaltigen Dämpfer.“

„*Nihil obstat*“, stimmte der Erzähler bei, „aber es wird ein neuer, größerer Steiner sein. Hast du noch nie von der DIA gehört? Sie ist hundertmal mächtiger als die CIA und es gibt keine Landkärtchen, die dir helfen, sie aufzuspüren. Wie dein Wurm müsstest du von vorne anfangen, nach der DIA hättest du die GUA und die FOA und die REA und so weiter. Susan hat recht, wir bleiben ständig an der Oberfläche, kleine weiße Maske, und währenddessen gebärdet sich die wahre Ursache des Problems weiterhin lebhaft. Nimm dieses Stückchen vergangener, sehr lang vergangener Geschichte, da sie bis 1970, also fast bis zum Mittelalter, zurückreicht, wenn du gut aufpasst. Ein sehr persönlicher und vertraulicher, kleiner Brief der ITT, wie du am Stempel erkennen wirst, in dem aber übersetzt geschrieben steht (es ist von Chile die Rede):

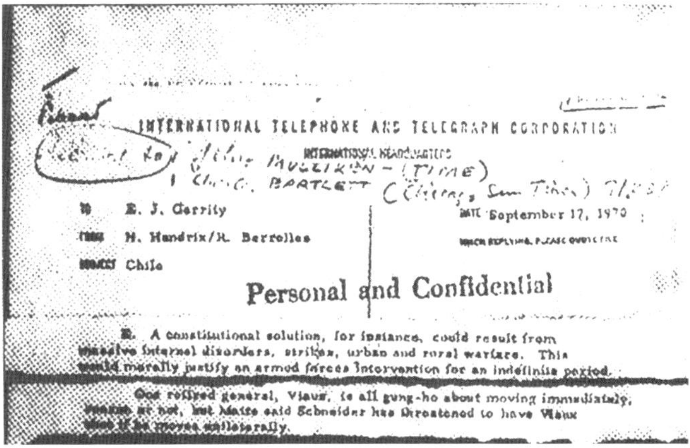

INTERNATIONAL TELEPHONE AND TELEGRAPH CORPORATION

INTERNATIONAL HEADQUARTERS

E. J. Gerrity

H. Hendrix/R. Berrolles

Chile

September 17, 1970

Personal and Confidential

A constitutional solution, for instance, could result from massive internal disorders, strikes, urban and rural warfare. This would morally justify an armed forces intervention for an indefinite period.

Our retired general, Viaux, is all gung-ho about moving immediately, ... or not, but Matte said Schneider has threatened to have Viaux ... if he moves unilaterally.

Aus den geheimen Akten der ITT: ein von Hendrix und Berrelez an Gerrity, den Vizepräsidenten des Konzerns, gerichtetes Schreiben

‚Eine verfassungsmäßige Lösung könnte zum Beispiel aus massiven internen Tumulten, Streiks sowie aus Stadt- und Landguerilla heraus erwachsen. Dies würde eine Intervention der Streitkräfte auf unbestimmte Zeit moralisch rechtfertigen.‘ Ich wiederhole das Datum:1970.“

Fantomas’ Brust schwoll an, bis ihm das Hemd zu bersten begann, er sagte aber nichts.

„Informationsergänzung“, verkündete der Erzähler, „veröffentlicht von *Vorwärts* in Bonn. Die Quimica Hoechst in Chile schreibt an ihre Zentrale in Frankfurt:

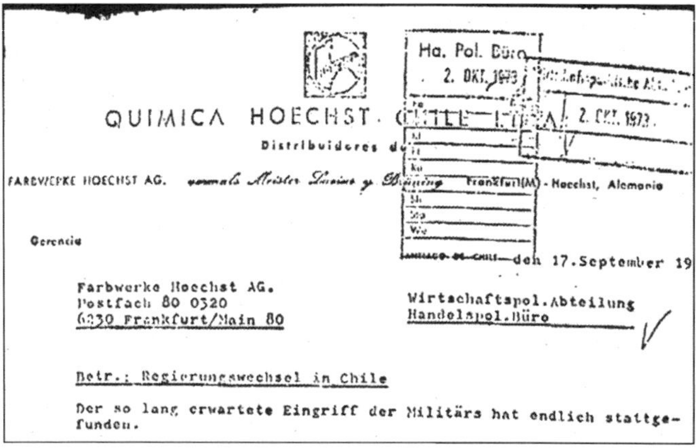

Ha. Pol. Büro
2. OKT. 1973
2. OKT. 1973

QUIMICA HOECHST

Distribuidores de

FARBWERKE HOECHST AG. vormals Meister Lucius y Brüning Frankfurt(M) - Hoechst, Alemania

Gerencia

den 17.September 19

Farbwerke Hoechst AG.
Postfach 80 0320
6230 Frankfurt/Main 80

Wirtschaftspol.Abteilung
Handelspol.Büro

Betr.: Regierungswechsel in Chile

Der so lang erwartete Eingriff der Militärs hat endlich stattgefunden.

‚… eine bis in die letzte Einzelheit vorbereitete und glänzend ausgeführte Aktion … Allendes Regierung hat das Ende gefunden, das sie verdiente … Chile wird in Zukunft ein immer interessanterer Markt für die Hoechst-Erzeugnisse werden.‘“

„Möge ihnen das Aspirin quer im Hintern stecken bleiben“, sagte Fantomas liebenswürdig.

„Amen“, sagte der Erzähler, „aber du solltest etwas finden, das ihnen mehr wehtut.“

„Ich werde mich darum kümmern. Gib mir die Liste. Ich

glaube, dass Susan und du recht habt. Dort ist es, wo ich angreifen muss, und zwar auf der Stelle."

Der Erzähler sah, wie Fantomas sich einen Weg zu einem Fenster bahnte, das nicht zerbrochen war, und stieß einen furchterregenden Schrei aus, um den Abflug hinauszuzögern, der sich bereits darin ankündigte, dass Fantomas die Haltung eines Diskuswerfers annahm.

„Wie viel Mühe kostet es dich, den Raum durch das kaputte Fenster zu verlassen?", flehte er. „Und noch etwas, Fantomas: Wirst du alleine vorgehen?"

„Die Einsamkeit ist meine Kraft, Julio. Die Einsamkeit und meine Gabe, mich unendlich zu verwandeln, an den Feind in den verschiedensten Erscheinungen heranzutreten. Habe ich dir von dem Tag erzählt, an dem ich John Wayne eins übergezogen habe, als er dachte, ich sei eine unschuldige, in der Hölle von Las Vegas verirrte Waise, und mich unter dem Vorwand, meine verzweifelten Eltern anzurufen, in sein Bett brachte?"

„Fantomas, diese Arbeit wirst du wie immer allein erledigen, aber ich bin mir nicht sicher, ob es viel nützen wird."

„Worauf willst du hinaus?", rief Fantomas, wobei er sich zusammenkrümmte, um seine Schwebekräfte zu sammeln. „Soll ich die Polizei und das Internationale Rote Kreuz um Zusammenarbeit bitten? Alleine, alleine, alleine. Ich genüge mir voll und ga…"

Das andere Fenster zersprang in tausend Scherben, was für ein Mistkerl. Das frische Lüftchen, das in diesem solchermaßen belüfteten Wohnzimmer zu herrschen begann, zwang den Erzähler, Zuflucht im Schlafzimmer zu suchen, wo er sich mithilfe von einigen Flaschen und viel Tabak anschickte, der Ereignisse zu harren. Zum Glück ließ Fantomas für gewöhnlich niemanden lange Zeit warten, und zwei Stunden später begannen verschiedene Freunde aus den entferntesten, auf der anderen Seite der Erde gelegenen Orten anzurufen: Eduardo Galeano aus der Calle Pueyrredón in Buenos Aires, Julio Ortega vom *Correo* in Lima, Daniel Waksman aus Mexiko-Stadt, Cristina Peri Rossi aus Barcelona, José Lezama Lima aus Havanna, die Liste war lang und vielsagend. Jetzt war es Lelio Basso aus Rom, Julio Le Parc aus Montrouge, Caetano Veloso verdutzt in São Paulo, Carlos Fuentes, der die mexikanischen Telefonistinnen strapazierte, und natürlich Susan Sontag, die vor Lachen weinte. Sie hatte nämlich gerade erfahren, dass Fantomas, dem keine Geringere als Fische vorangeschritten war, die Persönlichkeit eines querschnittgelähmten Millionärs angenommen hatte, um an einer Sitzung der Unternehmensleitung der US-Kupferminengesellschaft Kennecot teilzunehmen, die schließlich alle bleich und zittrig verlassen hatten.

„Ich habe versucht, ihn zu überzeugen, Susan", sagte der Erzähler, „aber du kennst ihn ja bereits, er kam mir mit seinen berühmten Sprüchen vom Einzelgänger, und daraus ersiehst du schon, dass er auf eigene Faust fortfahren wird, das ist sicher."

Wie zur Fortsetzung fuhr er fort, und nach und nach wurden von den Nachrichtenagenturen die verschiedenen Vorgehensweisen veröffentlicht, dank derer sich Fantomas Zugang zu den Aluminium- und Glasfestungen der multinationalen Gesellschaften verschafft hatte. Auf einem aus Chicago stammenden Bild wirkte er harmlos und verträumt, während er einen Krug Wasser füllte, der später auf dem Schädel von Pennypepper E. Pennypepper, dem Kupfer- und Sardinenkönig, endete:

Laut Heinrich Böll, der das folgende Bild per Telex von einer Tageszeitung in Frankfurt aus verschickte, zeigte dieses Fantomas, wie er die Entschädigungssumme, die die chilenische Militärjunta gerade an Anaconda oder Kennecot gezahlt hatte, schamlos an sich nahm:

Der Erzähler hatte nicht nur Intellektuelle als Freunde, und es gefiel ihm, hin und wieder darauf hinzuweisen, besonders wenn in seiner Erzählung die Schriftsteller eine beträchtliche Zahl erreichten. Darum freute es ihn, eine weitere Nachricht mittels des Boxers Jean-Claude Bouttier zu erhalten, dem glücklosen Widersacher von Carlos Monzón, der es aber wert war, dass man ihm Achtung entgegenbrachte, wie sein Interesse an der Enthüllung von Fantomas' verkleidetem Auftritt bewies, bevor er das Büro des Präsidenten Gerald Ford betrat. Mit Letzterem führte er ein Zwiegespräch, dessen Ergebnis noch nicht bekannt wurde, das man sich aber vorstellen konnte, nachdem man sein Gesicht erblickt hatte:

Das letzte Bild aus dieser so außergewöhnlichen Reihe beschäftigte nicht nur den Erzähler, sondern auch den *Osservatore Romano*, da niemand mit Sicherheit wusste, welche der beiden Personen Fantomas war:

Jedenfalls hörten die Nachrichten von diesem Moment an auf und die Tageszeitungen gingen rasch zu Themen wie den letzten Leistungen des Rennfahrers Emerson Fittipaldi, den Steakpreisen, den jeweiligen Hinrichtungen oder Attentaten, der Retro-Mode und dem neuen Hollywood-Boom über, der unbestreitbar die Dynamik des freien Unternehmertums offenbarte. Susan konnte bereits ein wenig in ihrem Zimmer herumwandern, und als sie zum letzten Mal anrief (das letzte Mal in diesem Zusammenhang, versteht sich), tat sie das mit dieser fortwährend unangenehmen Stimme jener Personen, die recht haben und immer wieder in dieselbe Kerbe schlagen.

„Es ist zu Ende, Julio, ich hatte es dir gesagt. Er ist in seinen Schlupfwinkel zurückgekehrt und davon überzeugt, dass er die Welt auf den Kopf gestellt hat und … du siehst schon."

„Ja, es ist wirklich nichts Besonderes zu bemerken", sagte der Erzähler, wobei er einen Blick auf sein eben erst repariertes Fenster warf und sich fragte, bis wann es wohl so halten würde. „Aber lass uns nicht ungeduldig werden, Susan, die Ergebnisse sind noch nicht messbar."

„Es werden wenige und falsche sein, du wirst sehen. Fantomas ist bewundernswert und setzt sein Leben bei jedem Schritt aufs Spiel, aber es wird ihm nie in den Kopf gehen, dass die Zahl der anderen Legion ist und man ihnen nur mit anderen Legionen die Stirn bieten und sie besiegen kann."

„Ach, wenn es eine Frage der Anzahl ist, denk doch an Fidel und Che und sogar an Cortés oder Pizarro, wenn wir die Sache auf den Punkt bringen wollen. Außerdem ist Fantomas ein einsamer Streiter für die Gerechtigkeit, wenn dem nicht so wäre, würde ihm niemand Comics zeichnen, mach dir das bewusst. Er ist nicht zum Anführer berufen, nie und nimmer wird der der Befehlshaber von Männern sein."

„Natürlich, und ich werfe ihm das auch nicht vor. Niemandem ist vorzuwerfen, dass er das Seine völlig im Alleingang tut. Das Problem liegt woanders, weil unsere Realität nicht Steiner oder eine einzelne Bande ist, das weißt du doch zur

Genüge. Und bis das viele Leute begreifen und das Ihre auf ihre Art erledigen, wird man uns weiterhin wie Kaulquappen braten."

„Ich habe noch nie eine gebratene Kaulquappe gesehen", sagte der Erzähler. „Aber glaubst du, dass wir letztendlich eines Tages zueinanderfinden und uns zusammentun werden? Ich bin natürlich einer Meinung mit dir, Susan, wenn wir das erreichen würden gegenüber den Vampiren und den Kraken, die uns quälen, wenn wir einen Anführer hätten, einen …"

„Nein, Julio, füg nicht ‚Fantomas' oder irgendeinen Namen, der dir einfällt, hinzu. Selbstverständlich brauchen wir Anführer, es ist natürlich, dass sie sich bemerkbar machen und sich durchsetzen, aber der Fehler (war es wirklich Susan, die da sprach? Andere Stimmen vermischten sich jetzt im Telefon, Sätze in verschiedenen Sprachen und Tonfällen, Männer und Frauen, die von nah und fern sprachen), der Fehler besteht darin, den Anführer vorauszusetzen, keinen Finger zu rühren, wenn er uns fehlt, mit den Händen im Schoß darauf zu warten, dass er auftaucht und uns zusammenführt und uns Weisungen gibt und uns in Bewegung setzt. Der Fehler ist, hier vor unserer Nase Dinge wie die alltägliche Realität zu haben, wie den Urteilsspruch des Russell-Tribunals, zumal du damit zu tun hattest und mir das als Beispiel dient, und weiter darauf zu warten, dass es immer der andere ist, der den ersten Ruf ausstößt."

„Susan, unsere Völker sind entfremdet, schlecht und falsch informiert und schwer beeinträchtigt von dieser Realität, die nur einige wenige kennen."

„Ja, Julio, aber all das erfährt man auch auf andere Arten, man erfährt es durch die Arbeit oder den Mangel an Arbeit, durch den Preis der Kartoffeln, durch den Jungen, auf den sie an der Ecke geschossen haben, durch die reichen Protze, die in ihren Autos an den Elendsvierteln vorbeifahren (das ist eine Metapher, denn sie achten sorgfältig darauf, dort in ihrem ganzen verdammten Leben nicht vorbeizufahren). Man erfährt es sogar durch den Gesang der Vögel, durch das Lachen der Kinder, durch den Moment, in dem man sich liebt. Diese Dinge erfährt man, Julio, es erfährt sie ein Bergmann ebenso wie ein Lehrer oder ein Radsportler, im Grunde erfährt sie jedermann, aber wir sind kraftlos oder ratlos oder man hat uns eine Gehirnwäsche verpasst und wir glauben, dass es uns gar nicht so schlecht geht, nur weil sie uns nicht das Haus abreißen oder uns zu Tode treten …"

In diesem Telefon spielten sich seltsame Dinge ab, außer der Worte drangen eher verschwommene, aber erkennbare Bilder durch.

Und ab und zu wiederholte eine Sprecherstimme Sätze, die der Erzähler sehr gut kannte, da er nur ganz wenige Tage zuvor an ihrem Wortlaut mitgewirkt hatte:

„Das Russell-Tribunal verurteilt die Personen und Behörden, die sich die Macht mit Gewalt angeeignet haben und diese ausüben, indem sie die Rechte ihrer Völker missachten.

Es verurteilt aufgrund dieser Anklagepunkte die Personen, die gegenwärtig die Macht in Brasilien, Chile, Bolivien, Uruguay, Guatemala, Haiti, Paraguay und der Dominikanischen Republik ausüben."

„Und Argentinien?", fragte eine Stimme, die geradewegs

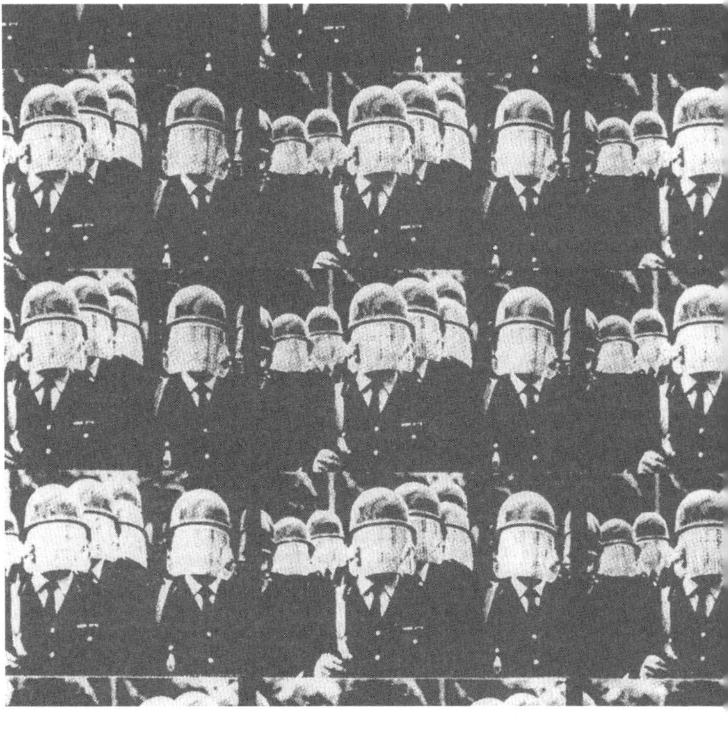

aus einem Café in der Calle Corrientes in Buenos Aires auf Höhe des Stadtviertels Once zu kommen schien.

Mit absehbarer Überraschung hörte der Erzähler die unmittelbare Antwort des Sprechers:

„Was die Republik Argentinien betrifft, drückt das Tribunal seine tiefe Beunruhigung aufgrund der Verhaftungen, Verfolgungen, Folterungen und Ermordungen von Aktivisten, Arbeitern und Fachleuten ebenso wie von südamerikanischen politischen Flüchtlingen aus und beschließt, sofort eine Untersuchung einzuleiten, um das Ausmaß der Verantwortlichkeit der argentinischen Regierung hinsichtlich dieses Ziels festzustellen."

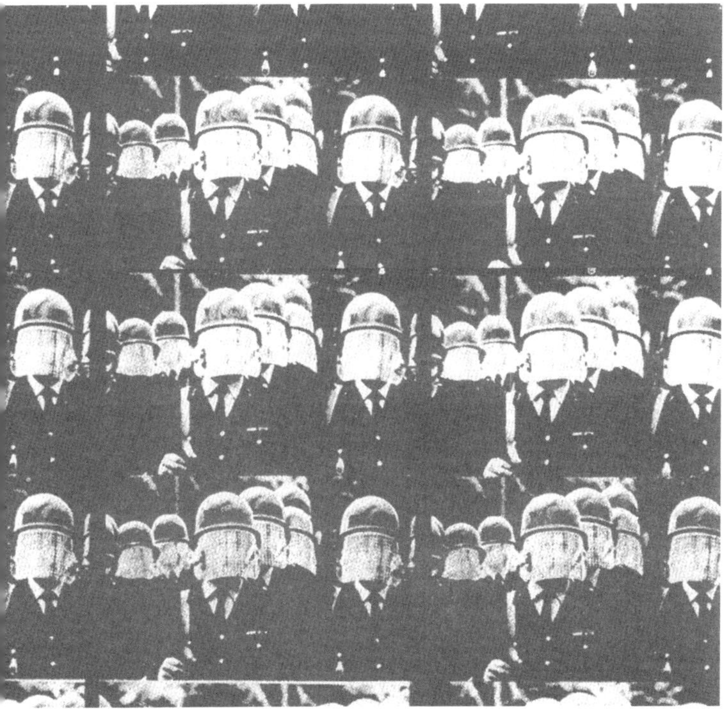

„Und wenn wir eine winzige Kleinigkeit weiter nach Westen gehen würden?“, fragte eine Stimme, die jede Silbe deutlich aussprach, was eine Seltenheit auf dem südamerikanischen Erdteil darstellte.

„Nur zu“, regte eine andere Stimme an, die von viel weiter aus dem Norden kam, „die Untersuchungsrunde ist bereits beendet, mal sehen, ob sie miteinander zu raufen beginnen, Freunde.“

Der Sprecher schien abzuwarten und die anderen auch, denn es herrschte ein langes Schweigen, und dann:

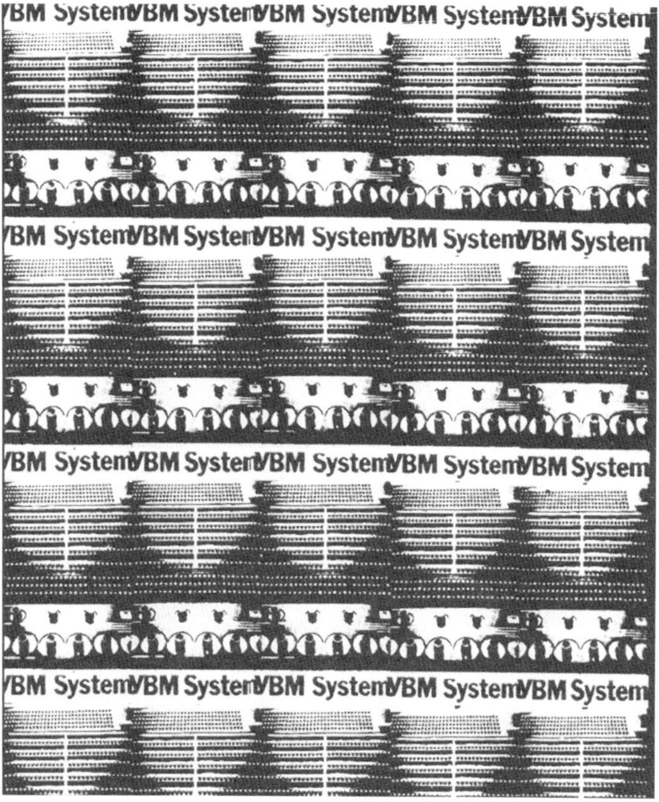

„Das Tribunal erklärt, dass im Fall der Militärjunta, der General Pinochet in Chile vorsteht, diese sich in einer Situation der völligen Verletzung des Völkerrechts befindet und es nicht verdient, als zugehöriges Mitglied der Gemeinschaft angesehen zu werden, die von den Vereinten Nationen gebildet wird;

Es verurteilt die Regierungen der Vereinigten Staaten, die solche Vorgehensweisen fördern;

Es verurteilt aufgrund dieses Tatbestands die Präsidenten Nixon und Ford, die Machthaber in den Vereinigten Staaten von Amerika und insbesondere Herrn Henry Kissinger, dessen Verantwortlichkeit für den faschistischen Staatsstreich in Chile für das Tribunal offensichtlich ist, wobei es auf Grundlage von in den Vereinigten Staaten veröffentlichten Dokumenten urteilt."

Der Erzähler begriff, dass es auch ihm zustand, etwas zu sagen, und er erhob redegewandt die Stimme, um sich gegen das höllische telefonische Sprachgewirr durchzusetzen, als er sich plötzlich von zerbrochenem Glas umgeben sah und inmitten dieses Scherbenhagels die weiße Maske von Fantomas erblickte, der nach einer NASA-würdigen Landung gemütlich auf dem Boden saß. Am Telefon hängend, was eine erhebliche Behinderung darstellte, formulierte der Erzähler den ersten Teil einer wilden Beschimpfung, die mehrere Sätze und Passagen umfasste, aber in den Augen von Fantomas lag etwas, das ihn zum Schweigen gemahnte.

„Ich frage mich, ob ihr nicht recht hattet, ihr Drecksintellektuellen", sagte Fantomas, „da ist man tagelang weltweit im Einsatz und es sieht nicht danach aus, als würden sich die Dinge allzu sehr ändern."

„Sag ihm, dass er sehr gut war", riet Susan, der das Zerspringen des Fensters nicht entgangen sein konnte, „sag ihm, dass es ein guter Anfang ist und dass andere hoffentlich begreifen."

„Du warst spitze, Liebling", sagte die argentinische Stimme, „klar gibt es andere, die begreifen, lies die Zeitungen und du wirst sehen."

„Die Zeitungen berichten nichts über uns", sagte eine Stimme, die aus einer Zinnmine zu kommen schien, „aber bisweilen erfährt man alles, Genossen."

„Das Gute an den Utopien", sagte deutlich eine afrokubanische Stimme, die wie eine Rassel klang, „ist, dass sie realisierbar sind. Man muss anfangen zu kämpfen, Genosse, von drüben zieht ein neuer Morgen herauf und ich schlage dir vor, dass ..."

Fantomas hatte den Kopf gesenkt, aber die weiße Maske verhinderte nicht, dass der Erzähler ein zögerndes, hübsches Lächeln sah, das wie zur Dokumentation blitzblanker Zähne diente. Aus dem klangvollen Hohlkörper drangen Stimmen, Akzente, Rufe, Appelle, Beteuerungen, Nachrichten; es fühlte sich an, als ob sich Menschenmengen von entferntest gelegenen Orten im Gehör des Erzählers versammelten, um zu einer einzigen unbändigen Masse zu verschmelzen. Einzelne Sätze mit brasilianischem, guatemaltekischem und paraguayischem Tonfall schwirrten herum, die Chilenen sprachen

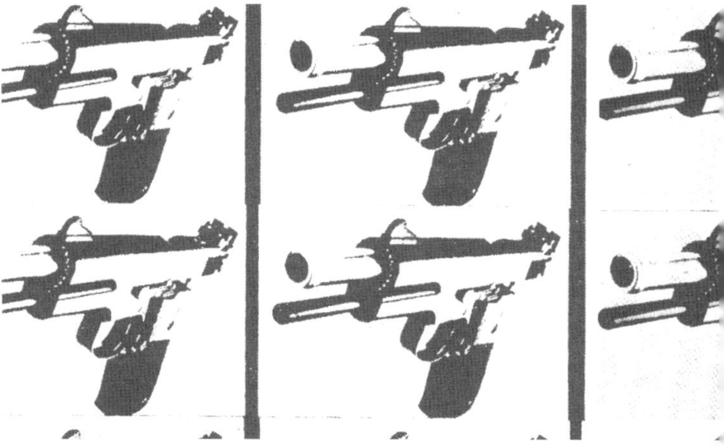

geschliffen und die Argentinier aus vollem Hals, ein Regenbogen von Stimmen, ein unaufhaltsamer Wasserfall von Mut und Willenskraft. Als jemand am anderen Ende das Telefon auflegte, kam es dem Erzähler so vor, als ob alles verlassen zurückblieb. Inmitten von Glassplittern und einer verflixten Kälte blickte er zu Fantomas, der sich langsam aufrichtete und den Gürtel festschnallte.

„Ich habe getan, was ich konnte“, sagte Fantomas und streckte ihm die Hand entgegen. „Ja doch, ich verspreche dir, dass ich mich durch das kaputte Fenster entfernen werde.“

Das tat er, und der Erzähler erhob sich seinerseits, benommen und erschöpft und verwirrt. Durch das Loch im Fenster blickte er auf die verlassen daliegende Straße; auf dem Gehsteig saß ein blonder Junge und spielte mit ein paar Steinchen. Er spielte sehr ernsthaft, so wie man spielen soll; er sammelte die Steinchen, warf sie zwischen seine Füße, wobei er versuchte, sie aufeinanderprallen zu lassen, sammelte sie wieder auf und warf sie erneut.

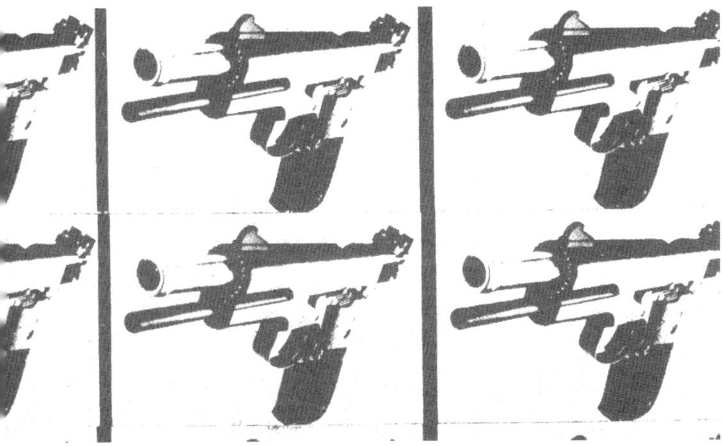

Der Erzähler sah, dass auch Fantomas, der auf dem Dach des Hauses gegenüber stand, dem Jungen zusah. Wie eine Taube schwang er sich kunstgerecht hinab und ließ sich an dessen Seite nieder, suchte in seinen Taschen und holte ein Bonbon hervor. Der Junge sah ihn an, nahm das Bonbon wie die natürlichste Sache der Welt entgegen und machte eine freundschaftliche Geste. Fantomas erhob sich geradeaus und verschwand zwischen den Schornsteinen.

Der Junge fuhr mit dem Spiel fort und der Erzähler sah, dass die Morgensonne auf sein blondes Haar fiel.

Anhang

Das II. Russell-Tribunal, von dem in dieser kurzen Geschichte die Rede ist, ist die Erweiterung des I. Russell-Tribunals, das auf Initiative des berühmten englischen Denkers Bertrand Russell ins Leben gerufen wurde, um die von den US-amerikanischen Truppen in Vietnam begangenen Verbrechen zu untersuchen. Das an zwei Terminen (Rom, April 1974 und Brüssel, Januar 1975) tagende II. Russell-Tribunal widmete sich der Untersuchung der in verschiedenen Ländern Lateinamerikas vorherrschenden Situation und es wird neuerlich zusammentreten müssen, um seine Arbeiten, die sich auf die vielfachen Menschenrechts- und Völkerrechtsverletzungen in Brasilien, Chile, Uruguay, Bolivien, Paraguay und anderen Ländern des lateinamerikanischen Erdteils beziehen, zu ergänzen.

Bei der Tagung in Brüssel setzte sich das Russell-Tribunal folgendermaßen zusammen:

Präsident

Lelio Basso
Senator der unabhängigen Italienischen Linken

Vizepräsidenten

Vladimir Dedijer
Jugoslawischer Historiker
Gabriel García Márquez
Kolumbianischer Schriftsteller
François Rigaux
Professor für Völkerrecht, Katholische Universität von Löwen
Albert Soboul
Professor an der Sorbonne

Mitglieder

Juan Bosch
Ex-Präsident der Dominikanischen Republik
George Casalis
Protestantischer Theologe
Julio Cortázar
Argentinischer Schriftsteller
Giulio Girardi
Katholischer Theologe
Uwe Holtz
Mitglied der Sozialdemokratischen Partei Deutschlands
Mitglied des Deutschen Bundestags

Alfred Kastler
Nobelpreis für Physik
John Molgaard
Mitglied der Sozialdemokratischen Partei Dänemarks
Gewerkschaftsführer
James Petras
Professor für Soziologie an der Universität von New York
Pham Van Bach
Präsident des Untersuchungsausschusses zu den US-amerikanischen Verbrechen im Vietnamkrieg
Laurent Schwartz
Mathematiker
Alberto Tridente
Staatssekretär der FLM (Italien)
Armando Uribe
Professor für Völkerrecht
und Ex-Botschafter von Chile in Peking

Im Verlauf seiner Anhörungen hörte das Tribunal zahlreiche Berichte und Zeugen und zog eine Fülle von schriftlichen und audiovisuellen Dokumenten zurate. Auf Grundlage dieser vorangegangenen Umstände stellte das Tribunal fest:

A — Verletzung der Menschenrechte und der Völkerrechte.

1. Dass, weit davon entfernt, nachzulassen, die Unterdrückung in Brasilien, Chile, Bolivien und Uruguay nach der Verkündung seines ersten Urteilsspruches weiterhin zugenommen hat; dass der sich aus dieser ersten Entscheidung ergebende Sachverhalt, das heißt, dass die Regierungen dieser vier Staaten Schuld an schweren, wiederholten und

systematischen Menschenrechtsverletzungen tragen, durch die dem Tribunal vorgelegten zusätzlichen Informationen bestätigt wurde:

2. Dass übereinstimmende und schlüssige Beweise dafür geliefert wurden, dass in den folgenden Ländern der Rechtsstaat systematisch zerstört und die bürgerlichen und politischen Freiheiten ebenso wie die gesellschaftlichen und gewerkschaftlichen Rechte unterdrückt wurden: Guatemala, Haiti, Paraguay und Dominikanische Republik; folglich gibt es eine Veranlassung, die bereits abgefasste Verurteilung Brasiliens, Chiles, Boliviens und Uruguays auf die Regierungen dieser vier Länder auszuweiten;

3. Dass eine formale Anklage wegen Menschenrechtsverletzung in Nicaragua und der Republik Argentinien eingebracht wurde; dass politische Attentate, die bis zur Ermordung reichen, von den oder unter Mithilfe der Behörden der Republik Argentinien begangen werden und dass das Tribunal insbesondere über die hinsichtlich der politischen Flüchtlinge entstandene Lage in letzterem Land beunruhigt ist;

4. Dass die Regierung der Vereinigten Staaten ebenso wie die puertoricanischen Behörden, die deren Befehlen gehorchen, die Resolution 1514 (XV) der Generalversammlung der Vereinten Nationen vom 14. September 1960 verletzen, der zufolge ohne Bedingungen oder Vorbehalte die unmittelbare Übergabe aller Gewalten an jene Völker, die nicht ihre Unabhängigkeit erhalten haben, stattfinden sollte, und dass auch die auf Puerto Rico Bezug nehmenden Resolutionen verletzt werden, die 1972 und 1973 vom Sonderkomitee für Dekolonisierung verabschiedet wurden, das von derselben Versammlung ins Leben gerufen wurde;

5. Dass die Verunreinigung natürlicher Ressourcen, Umweltschäden und die Sterilisation von Frauen in verschiedenen

Ländern Lateinamerikas nachgewiesen wurden, die dem zügellosen Gewinnstreben vonseiten der multinationalen US-amerikanischen Unternehmen zuzuschreiben sind, wobei all dies besonders folgenschwer und systematisch in Puerto Rico betrieben wird;

6. Dass in den letzten fünfundzwanzig Jahren und sogar bis vor Kurzem die Staatsmächte in Kolumbien Bauernführer und Studenten ermordet haben und dass Bauern in großer Zahl verhaftet werden. Zudem werden die Gefangenen rechtswidrig festgenommen und unter beklagenswerten materiellen Bedingungen festgehalten.
Diese Taten, die gegen die Menschenrechte verstoßen, werden im Rahmen politischer Mechanismen wie etwa der laufenden Militarisierung mancher Regionen Kolumbiens begangen, wobei der Ausnahmezustand sowie andere außerordentliche legale Maßnahmen genutzt werden.
Die Anwendung dieser legalen Maßnahmen entsteht aus dem Druck privater US-amerikanischer Interessen heraus, die auf die Ausbeutung der natürlichen Reichtümer des Volkes von Kolumbien, darunter Kohle, Nickel und Erdgas, abzielen;

7. Dass die indigenen Gemeinschaften Lateinamerikas, die ersten Opfer kolonialer Aggression, weiterhin einem diskriminierenden Regime unterworfen sind, inmitten der weltweit unterdrückten Völker, unter dem Druck und im Interesse der privaten, multinationalen und lokalen Unternehmen; dass angenommen werden muss, dass das Verbrechen des Genozids in diesem Punkt der brasilianischen Regierung zuzuschreiben ist, angesichts deutlicher und ausführlicher Beweise, die diesem Tribunal zur Verfügung gestellt wurden; dass die Unversehrtheit einiger indigener Gemeinschaften in Kolumbien aufgrund von Attentaten, die die Regierung nicht ahndet, gefährdet ist.

B — Die wirtschaftlichen Gründe für die Verletzung der Menschen- und der Völkerrechte.

Das Tribunal hat festgestellt, dass die Vereinigten Staaten von Amerika und ausländische Unternehmen, die in Lateinamerika Aktivitäten ausüben, mittels Zweigstellen oder Gesellschaften, über deren Kapital und Tätigkeiten sie eine beherrschende Macht ausüben – und unter denen die stärksten und zahlreichsten US-amerikanische sind – unter Mithilfe der unterdrückenden Klassen Lateinamerikas permanenten Einfluss nahmen und nehmen, mit dem Ziel, sich den höchsten wirtschaftlichen Nutzen und die strategische Vorherrschaft zu sichern. Derartiges Eingreifen findet Niederschlag:

— in der massiven Präsenz von multinationalen Gesellschaften in der Mehrzahl der Länder Lateinamerikas; Gesellschaften, deren Entscheidungszentren sich außerhalb dieser Länder befinden und deren bloße Anwesenheit in Anbetracht ihrer Bedeutung einen Angriff auf die Autonomie des aufnehmenden Landes darstellt;
— in der Ausbeutung der natürlichen Ressourcen dieser Länder, ihres Bodens, ihrer Umwelt, ihrer Rohstoffe, ihrer Arbeitskraft, ihrer geistigen Ressourcen und auch ihres auf dem Wege interner Anhäufung geschaffenen Kapitals;
— in der Tatsache, dass diese Unternehmen erreichen, dass die lokalen Regierungen ihnen die Kosten für die für ihre Tätigkeit erforderliche Infrastruktur erstatten;
— im forcierten Import von Technologie, der die Existenz einer nationalen Forschung und Entwicklung verhindert und die Zahlungsbilanz mit der Überlassung der Patentrechte und Lizenzgebühren in starkem Maße belastet;
— im Export eines großen Teils des erzielten Übergewinns oder in der internen Investition dank der sehr vorteilhaften Steuerbefreiungen, was ihnen ermöglicht, ihre Vorherrschaft auf neue Wirtschaftssektoren auszuweiten;
— in der für diesen Vorgang der Ausbeutung erforderlichen

Zuhilfenahme einer lokalen Oligarchie und einer von ihr kontrollierten Regierung, um die Löhne auf einem niedrigen Niveau zu halten, unmenschliche Arbeitsbedingungen durchzusetzen und mit allen Mitteln die Ausübung der Rechte auf Gewerkschaft, Versammlung und Streik aufseiten der Arbeiter einzuschränken, wobei Unterdrückung und sogar Mord ausgeübt wird, um das zu verhindern;
— in der fortwährenden Verschlimmerung der Rentenverteilung und der Minderung der Kaufkraft der Löhne, die eine derartige Zunahme an unkontrollierter Kapitalanhäufung ermöglichen, dass die Lebensbedingungen der Völker, weit davon entfernt, sich zu verbessern, im Gegensatz zu dem, was die Propaganda dieser Regierungen und dieser Unternehmen behauptet, einem Prozess der fortwährenden Verarmung und in einigen Regionen der totalen Verarmung unterliegen, während gleichzeitig die Einkünfte der Unternehmen steigen;
— in der Benutzung der Länder und Völker Lateinamerikas für die Bedürfnisse der Vereinigten Staaten von Amerika und, so gesehen, für die Ansiedlung von am Auslandsmarkt oder dem Konsum der privilegierten Klassen orientierten Produktionen oder von die Umwelt zerstörenden Produktionen;
— im fortwährenden Widerstand gegenüber jeglichem Versuch der Völker, sich die Instrumente für ihre Entwicklung anzueignen, ein Widerstand, der mittels der Ausnutzung der wirtschaftlichen Macht ausgeübt wird, durch die Verringerung der internationalen Finanzhilfen, die Verzögerung von Lieferungen, die Blockade, die Behinderung bei der Ausfuhr, durch das Embargo und andere gerichtliche Vorgehensweisen im Ausland, die Selbstsabotage von im Land anwesenden ausländischen Gruppen, die Finanzierung von Arbeitgeber-„Streiks", die Hinauszögerung legislativer Tätigkeit, die Finanzierung von reaktionären Gruppen (Presse, politische Parteien, Armee) und sogar direkte Intervention. Mit einer solchen direkten, auch militärischen, Intervention bedroht das am 3. Januar 1975 vom Präsidenten der

Vereinigten Staaten unterzeichnete „Gesetz über den Handel" die Völker, die versuchen, von ihren Rechten Gebrauch zu machen, über ihre natürlichen Reichtümer und über die wirtschaftliche Souveränität zu bestimmen;

Aus dem soeben Dargelegten wird geschlossen:

— dass die US-amerikanischen Unternehmen die Plünderung der Ressourcen Lateinamerikas aller Art und die Verletzungen der grundlegenden Menschenrechte, die mit dieser Plünderung einhergehen, zu ihrem Nutzen organisieren;

— dass es ihr Wille und ihre Strategie ist, die wirtschaftliche Entwicklung der lateinamerikanischen Länder und ihre Kontrolle durch die Völker zu verhindern, deren totale Beherrschung sie zu erreichen versuchen; dass die US-amerikanische Regierung und die lokalen Oligarchien Miturheber dieser Plünderung, dieser Rechtsverletzungen und dieser Strategie ebenso wie ihrer Auswirkungen sind.

All diese Tatsachen stellen spezifische Verletzungen dar:

des Rechts der Völker auf Selbstbestimmung;

des Rechts der Völker, über ihre natürlichen Ressourcen zu bestimmen;

des Rechts der Völker auf Nichteinmischung in ihre inneren Angelegenheiten;

des Rechts der Völker auf wirtschaftlichen, gesellschaftlichen und kulturellen Fortschritt;

des Rechts der Völker auf volle Beteiligung am Prozess und an den Erträgen des Wachstums;

des Rechts der Völker, ihr Wirtschafts- und Gesellschaftssystem frei zu wählen;

des Rechts der Völker auf einen fairen und gerechten Preis für Rohstoffe;

des Rechts eines jeden Volkes, seine ständige Souveränität über seine natürlichen Ressourcen wiederzuerhalten;

des Rechts und der Pflicht eines jeden Staates, den Neokolonialismus und jegliche andere Art der Besatzung und der Beherrschung ebenso wie seine wirtschaftlichen und gesellschaftlichen Auswirkungen zu beseitigen;

alle Rechte wurden von den Vereinten Nationen verkündet, die in ihrer Gesamtheit ein kohärentes System des Völkerrechts darstellen.

Aus all diesen Beweggründen erinnert

DAS TRIBUNAL

Über die Menschenrechte:

daran, dass es auf seiner Tagung in Rom die De-facto-Behörden, die in Brasilien, Chile, Uruguay und Bolivien die Macht ausüben, der schweren, wiederholten und systematischen Menschenrechtsverletzungen für schuldig erklärte und diese Verurteilung bekräftigt;
Außerdem erklärt es in Anbetracht der Schwere der berichteten Verletzungen, dass sie in ihrer Gesamtheit ein Verbrechen gegen die Menschheit darstellen, das in jedem einzelnen dieser vier Länder durch dieselben De-facto-Behörden begangen wird;
Es erklärt mit heutigem Tage in denselben Sachverhalten die De-facto-Behörden, die gegenwärtig die Macht in Guatemala, Haiti, Paraguay und der Dominikanischen Republik ausüben, für schuldig;
Es erklärt die Regierung Brasiliens des Verbrechens des Genozids für schuldig;
Die dem Tribunal vorgelegten Zusatzinformationen lassen außerdem die Behauptung zu, dass in den genannten Ländern die gesellschaftlichen und gewerkschaftlichen Rechte sowie die Versammlungs- und die Gewerkschaftsfreiheit systematisch zunichte gemacht wurden;
Was die Republik Argentinien betrifft, drückt das Tribunal seine tiefe Beunruhigung aufgrund der Verhaftungen,

Verfolgungen, Folterungen und Ermordungen von Aktivisten, Arbeitern und Fachleuten ebenso wie von südamerikanischen politischen Flüchtlingen aus und beschließt, sofort eine Untersuchung einzuleiten, um das Ausmaß der Verantwortlichkeit der argentinischen Regierung hinsichtlich dieses Ziels festzustellen.

Über die Völkerrechte:

Es erklärt, dass die Tätigkeiten der multinationalen Gesellschaften gegen die Souveränität und die Rechte der Völker gerichtet sind;
Es erklärt, dass die Tätigkeiten der multinationalen Gesellschaften und anderer ausländischer Investoren in Ländern Lateinamerikas ihre Verstaatlichung rechtfertigen, sei es ohne Entschädigung als Sanktion oder indem man die überschüssigen Gewinne davon abzieht;
Es erklärt ebenfalls, dass die erfolgten Entschädigungszahlungen der unrechtmäßigen, repressiven Regierungen an die multinationalen Gesellschaften im Widerspruch zum Gesetz stehen, das den Akt der Verstaatlichung und das Völkerrecht regelt, sie jeglicher Gültigkeit entbehren und eine unverjährbare Verantwortlichkeit aufseiten jener bewirken, die sie empfangen haben, und jener, die sie geleistet haben.
Es zeigt die von den multinationalen Gesellschaften unternommenen Versuche an, sich den Status von Völkerrechtssubjekten verleihen zu lassen; es erklärt, dass diese ausschließlich den nationalen Rechtsprechungen unterworfen sein dürfen und dass die Einrichtung von Sonder- und allgemeinen Rechtsprechungen für die Vereinigten Staaten und die multinationalen Unternehmen im Widerspruch zum Völkerrecht steht;
Es erklärt, dass einige unter ihnen zu Miturhebern von faschistischen Staatsstreichen geworden sind, wie dies der Fall bei der I.T.T. in Chile ist;

Es verurteilt die Personen und Behörden, die sich die Macht mit Gewalt angeeignet haben und die sie ausüben, indem sie die Rechte ihrer Völker missachten;
Es verurteilt aufgrund dieser Anklagepunkte die Personen, die gegenwärtig die Macht in Brasilien, Chile, Bolivien, Uruguay, Guatemala, Haiti, Paraguay und der Dominikanischen Republik ausüben;
Das Tribunal erklärt, dass im Fall der Militärjunta, der General Pinochet in Chile vorsteht, diese sich in einer Situation der völligen Verletzung des Völkerrechts befindet und es nicht verdient, als zugehöriges Mitglied der Gemeinschaft angesehen zu werden, die von den Vereinten Nationen geregelt wird;
Es verurteilt die Regierung der Vereinigten Staaten, die zu solchen Taten anregt oder sie fördert; es verurteilt daher die Präsidenten Nixon und Ford, die Machthaber in den Vereinigten Staaten und insbesondere Herrn Henry Kissinger, dessen Verantwortlichkeit für den faschistischen Staatsstreich in Chile in Anbetracht der in den Vereinigten Staaten selbst veröffentlichten Dokumente für das Tribunal offensichtlich ist.

DAS TRIBUNAL

verlangt die sofortige Freilassung aller aufgrund ihrer politischen Aktivitäten und Meinungen inhaftierten Personen.
Drückt seine lebhafte Besorgnis angesichts der Verletzungen des Völkerrechts und der Rechte der Völker in Kolumbien aus; es hebt die Rolle der ausländischen Interessen bei diesen Verletzungen hervor und teilt seine Absicht mit, mit allen geeigneten und möglichen Mitteln zu einer vollständigen Untersuchung überzugehen, sogar mit der Entsendung eines Ad-hoc-Ausschusses, mit dem Ziel, in seiner dritten Sitzung zur Situation dieses Landes und der Verantwortlichkeit seiner Regierung endgültig eine Erklärung abzugeben.

Gleichfalls erklärt es im Fall von Nicaragua, dass es im Laufe der nächsten Sitzung dazu übergehen wird, zusätzliche Untersuchungen durchzuführen.
Im Laufe dieser Sitzung wird auch Folgendes mit größerer Genauigkeit zu bestimmen sein:
die Art und die Reichweite der militärischen und polizeilichen Eingriffe der Vereinigten Staaten von Amerika als auch Brasiliens;
der Einfluss der militärischen Ausbildung, die Mitglieder der lateinamerikanischen Armeen in den Kriegsschulen der Vereinigten Staaten erhalten haben;
die Rolle der multinationalen Gesellschaften beim Prozess der Dekultivierung der lateinamerikanischen Völker;
die Art der Beziehungsgeflechte zwischen den politischen Behörden und den privaten wirtschaftlichen Mächten, um den Schwerpunkt der Verantwortlichkeiten festzulegen.

DAS TRIBUNAL

vereinbart, dass eine Kopie dieser Entscheidung den nationalen und internationalen Behörden, die in dem Urteilsspruch erfasst wurden, zugesandt wird.

Originaltitel: „Fantomas contra los vampiros multinacionales"
von Julio Cortázar
© Heirs of JULIO CORTÁZAR, 1975
Illustrationen © Xavier Teixidó, 2002
Aus dem Spanischen übersetzt von Christiane Barnaházi und Elisabeth Schöberl

Nachwort

„Aus Argentinien entfernte sich ein Schriftsteller, für den die Wirklichkeit, wie Mallarmé es sich vorstellte, in einem Buch gipfeln sollte; in Paris wurde ein Mann geboren, für den die Bücher in der Wirklichkeit gipfeln sollten."

Diese Worte schrieb Julio Cortázar 1967 in einem Brief an seinen Freund, den Dichter und Essayisten Roberto Fernández Retamar, in Havanna. Sie veranschaulichen in komprimierter Form die Entwicklung des großen, im Jahr 1914 geborenen argentinischen Schriftstellers, der dem Regime des Populisten Juan Perón in seinem Heimatland ablehnend gegenüberstand und dieses in den Fünfzigerjahren in Richtung Frankreich verließ. Mit zunehmendem Alter rückten Fragen der Ethik verstärkt in den Mittelpunkt von Cortázars Schaffen. Er wandte sich intensiver der Politik zu, unterstützte die kubanische Revolution, engagierte sich für diverse linksgerichtete Gruppierungen in Lateinamerika und reiste 1979 nach Nicaragua, um sich für die sandinistische Regierung einzusetzen. In den Siebzigerjahren nahm er auch am II. Russell-Tribunal teil, das ihn zu der Erzählung *Fantomas gegen die multinationalen Vampire* veranlassen sollte.

Hatte sich das I. Russell-Tribunal (1966), geführt von den Philosophen Bertrand Russell und Jean-Paul Sartre, gegen die Gewaltakte der US-amerikanischen Soldaten im Vietnamkrieg gerichtet, so galt es im II. Russell-Tribunal (1974, 1975 und 1976) unter dem Vorsitz des italienischen Senators Lelio Basso, die systematische Verletzung der Menschenrechte durch diverse Regimes in Lateinamerika aufzuzeigen.
Julio Cortázar wollte die Arbeit und die Ergebnisse dieses

Tribunals einer breiteren Öffentlichkeit vermitteln und bediente sich dazu eines originellen Kunstgriffs: Er verpackte das ernste politische Thema in eine Erzählung rund um einen Comic-Superhelden. Der Auslöser für diese Idee war folgender: Julio Cortázar hatte die mexikanische Ausgabe eines *Fantomas*-Heftchens in die Hände bekommen, in dem er selbst und andere Schriftsteller als Figuren vorkamen. Es handelte sich dabei genauer gesagt um eine im Anhang des Heftes abgedruckte Bonus-Geschichte, *Intelligenz in Flammen*, in der eine unbekannte Macht sämtliche Bücher aus den Bibliotheken in aller Welt verschwinden lässt. Der Superheld Fantomas verbündet sich daraufhin mit den Schriftstellern, die von jener Macht unter Druck gesetzt werden, nichts mehr zu veröffentlichen.

Ebenso wie er Teil dieses Comics wurde, verwendete Cortázar in weiterer Folge im Jahr 1975 Ausschnitte davon für seine eigene Erzählung *Fantomas contra los vampiros multinacionales**. Die Figur des Fantomas hatte sich allerdings seit ihrer Erfindung durch die Franzosen Pierre Souvestre und Marcel Allain im Jahr 1911 in charakterlicher Hinsicht grundlegend verändert. Während der mysteriöse Mann mit der weißen Maske damals noch als skrupelloser Schurke sein Unwesen trieb, bekam er später durch den mexikanischen Verlag Novaro ein neues Image verpasst, das dem eines Robin Hood glich, einem Beschützer der Unterdrückten und Armen. Diese Figur ließ sich wunderbar für Cortázars Zwecke einsetzen.

In seiner Erzählung begibt sich der Ich-Erzähler, bei dem es sich, wie unschwer zu erkennen ist, um niemand anderen als den argentinischen Schriftsteller selbst handelt, auf die Heimreise nach Paris, nachdem er soeben dem II. Russell-

* Bei den Comicstrips in der vorliegenden Ausgabe handelt es sich nicht um die Originalzeichnungen aus dem Band des Novaro-Verlags, sondern um jene der spanischen Ausgabe (Destino Verlag) von 2002.

Tribunal in Brüssel beigewohnt hatte, und kauft am Bahnhof ein Comic-Heft, das ihm auf bizarre Weise in die Hände fällt. Die Geschichte, die er im Zug zu lesen beginnt und die sich wie erwähnt um das rätselhafte Verschwinden der Bücher aus den Bibliotheken dreht, verbindet sich nach und nach mit den Geschehnissen im Zug und im Weiteren in Paris, wobei die Grenzen zwischen literarischer Wirklichkeit und Fiktion immer mehr verschwimmen. Geschickt verwebt Cortázar ab nun seine politische Anklage mit der amüsanten Bildergeschichte und bastelt eine neue Handlung rund um Fantomas, die US-amerikanische Schriftstellerin Susan Sontag und sich selbst, wobei er auch nicht an Selbstironie spart. Er verwendet Comic-Bildchen, Zeitungsausschnitte, Infografiken, Collagen und weiteres Bildmaterial, um den Leser anzuregen und ihn auf imaginativer ebenso wie auf politischer Ebene wachzurütteln.

Diese Lust am Experimentellen zeichnete bereits frühere Werke Cortázars aus. In seinem 1967 erschienenen Buch *Reise um den Tag in 80 Welten* beispielsweise arbeitete der Autor ebenso mit Illustrationen. Doch anders als hier werden bei *Fantomas* die Bilder intensiver mit dem Text verwoben. Nicht vergessen werden darf auch, was den experimentellen Aspekt in Cortázars Schaffen betrifft, *Rayuela,* das Affinitäten zum Nouveau Roman aufweisende Meisterwerk Cortázars, dessen Titel (spanisch für das Kinderspiel „Himmel und Hölle“) für das Buch in doppelter Hinsicht bedeutsam ist: auf formaler Ebene, weil er sich unmittelbar auf die Lektüre bezieht, die nicht linear fortschreitet, sondern vom Leser ein Vor- und Zurückspringen innerhalb der Kapitel verlangt; und inhaltlich, da das „Rayuela“-Spiel zugleich ein Leitmotiv des Romans bildet.

Durch die Verwendung der Bilder einerseits und den unvermittelten Einbruch des Wundersamen in die Alltagswirklichkeit andererseits, der ebenso einen wesentlichen Zug des

Werks von Julio Cortázar darstellt (er entwickelte dazu seine sogenannte Tunnel-Theorie), gelingt es dem Autor leichter, mit seiner Fantomas-Erzählung dem Leser den politischen Kontext näherzubringen, als dies mit einem rundum realistischen, „trockenen" Text möglich gewesen wäre.

Je weiter der Text voranschreitet, desto stärker rücken die moralischen Fragen in den Vordergrund. Fantomas, der Superheld, erfährt auf der Suche nach den Drahtziehern der Büchervernichtung, mit der die Unterdrückung der Meinungsfreiheit thematisiert wird, dass die wahren Übeltäter und Verantwortlichen für die weltweiten Missstände in den multinationalen Gesellschaften, den Geheimdiensten und den korrupten Regierungen sitzen. Und er muss feststellen, dass seine Kräfte nicht ausreichen, um ihren Untaten ein Ende zu setzen. Die Barbarei, so lautet das Fazit, lässt sich, da sie sich ununterbrochen weiter fortpflanzt, nicht von einer Person allein oder einer intellektuellen Elite, sondern nur im Kollektiv besiegen.

Aber wird das jemals geschehen, werden die Menschen über die unterschiedlichen Bevölkerungsschichten und Landesgrenzen hinweg zueinanderfinden und sich miteinander solidarisieren? Trotz aller Zweifel und Ohnmachtgefühle, die von der Figur des Erzählers alias Julio Cortázar und jener Susan Sontags geäußert werden, setzt der Autor letztendlich auf eine optimistische Sichtweise, auf die bereits der Untertitel seines Werks verweist, der in dem folgenden Zitat noch konkreter wird:

„Das Gute an den Utopien ist, dass sie realisierbar sind. Man muss anfangen zu kämpfen, Genosse, von drüben zieht ein neuer Morgen herauf (...)."

Und so bleibt die Hoffnung.

Claudia Weber

Alban Nikolai Herbst

wurde 1955 in Refrath, Nordrhein-Westfalen, geboren. Er publiziert seit 1981 und lebt seither – abgesehen von einem fünfjährigen Zwischenspiel als Aktien- und Devisenbroker – als freier Schriftsteller. Mit seinem 1000-seitigen Roman *Wolpertinger oder Das Blau*, Dielmann, 1993 und der *Anderswelt-Trilogie* (deren ersten beiden Teile 1998 bei Rowohlt und 2001 im Berlin Verlag erschienen) wurde er als Dichter der deutschen Postmoderne bekannt und erhielt unter anderen den Grimmelshausen- sowie den Fantastik-Preis. Mit dem Verbotsprozess um seinen Roman *Meere*, Marebuch, 2003, geriet Herbst nachdrücklich in die Skandalzeilen. Zuletzt erschienen der Gedichtzyklus *Aeolia.Gesang* und der Gedichtband *Der Engel Ordnungen* sowie die romantheoretischen Vorlesungen *Kybernetischer Realismus*, alle drei 2008. Ebenfalls 2008 hat Ralf Schnell den exklusiv Herbst gewidmeten Horen-Band 231 *Panoramen der Anderswelt, Expeditionen ins Werk von Alban Nikolai Herbst* herausgegeben. Der Autor arbeitet seit 1994 in Berlin und gibt in dem von Knallgrau in Wien gesponserten literarischen Weblog *Die Dschungel. Anderswelt* nahezu täglich Einsicht in seine dort ständig weiterentwickelte Poetologie:
http://albannikolaiherbst.twoday.net

Die folgende Erzählung erschien erstmals 2005 im Fotoband *Unterwegs*, Schwartzkopff Buchwerke, Berlin.

Alban Nikolai Herbst

Lena Ponce

I

Da sitze ich. Das Zimmer meiner Pension hat drei große, über Eck eingelassene Fenster. Sie gehen auf zwei senkrecht aufeinandertreffende Straßen hinaus, das linke liegt über der Calle, durch die ich hierher gerannt kam, das rechte schaut auf die breite Avenida, die sich an einem in die Autofluten hineingebauten Haus bricht. Von dessen schmalem Bug lächelt mich unentwegt eine plakatierte Frau an, während sie von ihrem Rotwein nippt. Nur daß sie ihr Haar offen trägt, macht mich gewiß, daß es sich nicht um Lena handelt –, Lena mit dem schwarzen Knoten im Nacken. Eine schmale Haarspur führt von den letzten Wirbelknöcheln zu ihm hinauf. Den erhobenen Dutt hält eine vergoldete Schildpattspange zusammen, die einen stürzenden Engel zeigt.

„Der Engel ist mein Dämon", erklärte sie, „er spricht zu mir und sagt, was zu tun ist."

Wir saßen im Restaurant, ich hielt ihre Hand.

„Und was sagt er dir jetzt?"

„Er sagt, daß du meinen Mann töten mußt." Sie lächelte ganz so wie die Reklame draußen vorm Fenster.

„Liebst du ihn nicht mehr?" fragte ich.

„Doch." Sie führte ihr Glas an die Lippen. Nie sah sie mir in die Augen, sah immer nur hinunter und nun in das Glas. „Ich gehöre ganz ihm. Ich war sehr glücklich, bevor ich dich traf."

Wir schwiegen einen Moment.

„Wie lange wirst du hierbleiben?" fragte sie.

„Noch drei Tage."

„Dann hast du nicht viel Zeit.“

Stolz hatte sie mir Fotografien ihrer zwei kleinen Söhne gezeigt. Aber möglicherweise war alles anders, als es schien.

„Du willst aus deiner Familie ausbrechen.“

„Nein.“

„Du fühlst dich wie eine Gefangene.“

„Du verstehst *gar* nichts.“

Einen sehr kurzen Moment lang hatte ich das dringende Bedürfnis, aufzustehen und mich in aller Höflichkeit zu verabschieden. Ich konnte es nicht. Doch nicht ihre Blicke hielten mich ab. Denn nie sah sie mich an, sondern schaute, wenn überhaupt in meine Richtung, dann immer nur knapp an meinem Gesicht vorbei. Anfangs hatte sie nicht einmal aufgesehen. Dennoch wirkte sie keinen Moment lang scheu. Ganz im Gegenteil. Sie hatte ihrerseits, ich bin mir sicher, jedem meiner Blicke nachgespürt, auch schon dem ersten, vor fünf Tagen.

Ich war zum ersten Mal in Buenos Aires, hatte mich sehr über diesen Auftrag gefreut und mir für die Zeit nach Unterzeichnung der Verträge vier Tage Urlaub angehängt. Argentinisches Rindfleisch ist gefragt in Europa, die Seuche hat dem Geschäft einen guten Auftrieb gegeben.

Natürlich wußte Molinas das auch. Die Feilscherei war ziemlich ermüdend. Ich ließ mir trotz des Timelags nichts anmerken, lächelte und lächelte, und als ich abends vorm Punto Indio saß, hatte ich das lästige Gefühl, dieses Lächeln sei über meinem Gesicht zu Pergament eingetrocknet. Ich war ganz froh, daß sich Molinas erst für zehn mit mir zum Essen verabredet und ich bis dahin etwas Zeit für mich alleine hatte. Da stolzierte Lena vorbei.

Nicht ihr Gesicht erregte meine Aufmerksamkeit, auch nicht ihre Taille oder sonst etwas, das einen Mann für gewöhnlich anzieht, sondern es war ihr muskulöser Rücken. Am sehnigen Unterarm trug sie eine offenbar schwere Sporttasche. Sie hatte mich auch längst passiert und schickte sich soeben an, rechts in die nächste Gasse zu biegen. In ihrem Haarknoten blitzte der Engel.

„Sie sind in einem gefährlichen Zustand“, sagte Molinas, nachdem wir vielleicht eine halbe Stunde im La Biela zusammengesessen hatten. „Das ist nicht gut, Sie müssen das ändern. Sie brauchen eine Frau.“

„Es war ein langer Tag“, antwortete ich, „ich gehe besser schlafen.“

„Ich glaube, Sie begehen einen Fehler. – Ich meine: *Sie* sind zufrieden, *ich* bin es, da haben wir doch allen Grund zu feiern. Es gibt eine segensreiche Adresse in Palermo.“

Das Essen kam. Unser Gespräch wandte sich geschäftlicheren Themen zu. Was Frauen und mich anging, unternahm Molinas, diskret wie er war, keinen weiteren Vorstoß.

„Was möchten Sie denn sehen in Buenos Aires?“

Ich wolle ein Tangolokal besuchen. Ich wolle vielleicht für einen Tag aus der Stadt hinausfahren, um die Pampa zu sehen. „Was ein Tourist halt so mitkriegen möchte“, sagte ich.

Er schrieb mir ein paar Adressen auf, bot mir an, mich ins Hotel zu fahren.

„Lassen Sie nur“, sagte ich, „ich nehme ein Taxi.“ Verhältnismäßig früh trennten wir uns.

Ich checkte früh am nächsten Morgen aus, um mir für die verbleibenden Tage ein etwas preiswerteres Zimmer zu suchen und fand eines gleich gegenüber dem Punto Indio. Irgend etwas ließ mich gewiß sein, der Frau ein zweites Mal zu begegnen. Ich zahlte im voraus, dann setzte ich mich vor das Lokal und wartete. Ich las nichts, ich sah einfach dem Verkehr und den Menschen zu, rauchte, trank einen Trapiche malbec, saß drei Stunden, vier Stunden. Sie kam nicht. Vielleicht war sie gestern Abend nur zufällig vorbeiflaniert. Vielleicht ging sie überhaupt nur selten aus. Vielleicht wohnte sie gar nicht in der Nähe und das mit der Sporttasche war ein Zufall gewesen. Möglicherweise war sie bloß bei einer

Freundin gewesen, die sie lange nicht mehr gesehen hatte. Dennoch fürchtete ich, sie käme genau in einem Moment wieder vorbei, in dem ich aufstünde und sei es nur, um mir die Beine zu vertreten. Nicht einmal auf Toilette mochte ich gehen.

Was tust du eigentlich hier? fragte ich mich. Wie ein Achtklässler kam ich mir vor, der vor dem Tor der Schule aufs Erscheinen seines heimlichen Schwarmes wartet. Erst als es wieder Abend geworden und die Stunde längst vorüber war, zu der ich die Frau gestern gesehen hatte, gelang mir der Entschluß, die verrückte Sache abzubrechen. Ich winkte dem Kellner, zahlte, ja stand schon, da schritt Lena um die Ecke... nein, sie schritt bereits weg, als hätte sie mich ein weiteres Mal passiert, ohne von mir bemerkt worden zu sein. Jetzt aber erkannte ich ihren Rücken, ihren Gang und den Engel im Haarknoten. Sie trug dasselbe dreiviertellange, rückendekolletierte Kleid mit den sich über der Wirbelsäule, genau zwischen den Schulterblättern kreuzenden Trägern. Aber es blieb keine Zeit, den Anblick zu genießen. Ich mußte handeln, sonst war sie fort. Es war eine zweite und meine, dachte ich, letzte Chance.

Wie spricht man in einer fremden Stadt, einem so sehr fremden Land Frauen an? Keine Ahnung mehr, wie ich es schaffte, daß sie mit mir umkehrte und sich wirklich mit mir vors Punto Indio setzte. Es hatte etwas von rasanter Traumwandelei. Nicht ein einziges Mal sah Lena mich an, auch dann nicht, wenn sie mit mir sprach, – also wenn sie mir antwortete. Daß sie mit mir gesprochen hätte, ist eine sehr übertriebene Formulierung. Sie schaute die vielleicht fünfzehn Minuten, die wir beieinandersaßen, undurchdringlich zu Boden. Hätte sie dabei nicht derart stolz gewirkt, müßte ich behaupten, sie habe hingegeben darauf gewartet, daß ich sie nahm.

Ich erzählte ihr von meiner Geschäftsreise. Ich erzählte von daheim. Ich verschwieg auch nicht, daß ich verheiratet bin.

„Auch ich bin verheiratet“, sagte sie nach einer Minute des Stillseins und zog sich wieder ins Stillsein zurück.

„Haben Sie Kinder?“ fragte ich.

Sie erhob sich zu meiner jähen Überraschung. „Ich muß jetzt gehen.“

„Natürlich.“

Sie zögerte nicht, sondern fragte im selben Ton nach: „Willst du mich lieben?“

Ein zweites Mal zuckte ich da, erschreckt, wie stammelnd.

Sie legte mir einen fliegenden Finger auf die Lippen, doch immer noch, ohne mich anzusehen. „Sei morgen wieder hier, um ... sagen wir: halb zwei.“ Ohne mir Zeit für die Antwort zu lassen, drehte sie sich um und schritt davon.

Ich konnte den nächsten Tag kaum abwarten und saß dann viel zu früh vor dem Lokal. Ich hatte Lena eine Schwertlilie gekauft, die paßte, dachte ich, zu ihr.

Sie nahm sie schweigend entgegen, legte sie vor sich auf den Tisch.

„Was möchtest du trinken?“

Statt einer Antwort und als wäre gar keine Zeit seit gestern vergangen, sagte sie: „Ja, habe ich.“

„Wie?“

„Ich *habe* Kinder ... zwei Söhne.“

„Wie alt?“

„Willst du sie sehen?“

Sie zog ein Couvert aus ihrer Handtasche, öffnete es, entnahm ihm sechs oder sieben Bilder. „Manuel und Christopher“, sagte sie. „Ponce, das ist mein Mann, Heitor Ponce ... *Ponce* wollte, daß der Jüngere einen so englischen Namen bekommt. Wegen Marlowe. Ich hätte den Namen Julio schöner gefunden ... *Cortázar*, verstehst du?“

Keine Ahnung, was sie meinte.

„*Kennst* du Cortázar?“

„Nein ...“

„Das macht nichts. – Willst du ein Bild von Ponce sehen?“

„Warum?"
„Weil es nötig ist."
Sie holte ihr Portemonnaie heraus. Im Bildfach ließ sich ein vielleicht dreißigjähriger, attraktiver, freilich ein bißchen streng wirkender Mann mit Oberlippenbärtchen und haselbraunen Augen erkennen. Mir war das etwas peinlich, ihn mir anzusehen. Aber wenigstens fragte sie nicht nach einer Fotografie meiner Frau. Allerdings:
„Und *deine* Kinder?"
Ich log: „Ich trage keine Fotografien mit mir herum."
„Wir sollten keine Geheimnisse mehr voreinander haben. Nicht in unserer Situation."
Dazu sagte ich nichts.
„Wo wohnst du?" fragte sie.
„Zuhause?"
„Nein, hier."
„Da gleich gegenüber. Pensión Enebro."
„Teuer?"
Ich mußte lachen, man konnte schon der Fassade ansehen, daß das Haus nicht gerade vom Jetset frequentiert wurde. Oder wollte sie Geld von mir? Ich verwarf den Gedanken sofort.
„Ich heiße Lena." Sie reichte mir ihre Hand. Es war das erste Mal, daß wir uns berührten. Ich hatte das Gefühl, zwei Schlösser rasteten ineinander, so hart war ihr Griff, so hart war auch, unwillentlich, meiner. Und wieder erhob sie sich unvermittelt, um zu gehen. „Also morgen um halb zwei ... nein, ich hab ganz vergessen, daß ich da ... – Geht es auch früher?"
„Wann immer du willst."
Wieder trug sie dieses Kleid, wieder war das letzte, was ich von ihr sah, was mir die ganze Zeit in den Augen stehenblieb wie Sonnenflecken, die Art, in der sich die Rückenträger überschnitten und wie die gelbbraune Haut ihres Kreuzes durch das offene Muster des Kleides bis fast zum Gesäßansatz schimmerte, und wie Lena immer einen Fuß genau vor

den anderen setzte, und wie erhoben der Dutt auf dem Halsansatz ihres Nackens hockte.

Am nächsten Tag war *sie* früher gekommen, immer noch in diesem Kleid. Sie trug unaufdringlichen, doch teuren Schmuck an den Ohren. Und lächelte, als ich nahte –, immer noch, ohne mich direkt anzusehen. Sie schien mich zu spüren... oder sah mich in den Augenwinkeln.

„Gehen wir heute etwas essen? Laß uns etwas essen gehen!“

„Ich kenne mich nicht aus in der Stadt.“

„Ich weiß wohin, ich kenne ein Lokal.“

Sie zog mich fast mit sich, zog mich zum Straßenrand, merkte, daß sie Haltung verlor, wurde sehr ernst, sah zu Boden und fragte: „Willst du uns kein Taxi rufen?“

Wir bestellten beide ein *bife de chorizo*, sie zierte sich keinen Moment, sich einladen zu lassen. Sie aß mit großem Appetit. Beim Digestif fragte ich sie nach dem Spangenengel in ihrem Haar.

„Der Engel ist mein Dämon“, erklärte sie, „er spricht zu mir und sagt, was zu tun ist.“

„Und was sagt er dir jetzt?“

„Er sagt, daß du meinen Mann töten mußt.“ Sie lächelte ganz so wie die Reklame draußen vorm Fenster.

„Liebst du ihn nicht mehr?“ fragte ich.

„Doch.“ Sie führte ihr Glas an die Lippen. „Ich gehöre ganz ihm.“

Wir schwiegen einen Moment.

„Ich war sehr glücklich“, sagte sie dann, „bevor ich dich traf.“

Ich spielte mit ihren Fingern.

„Wie lange wirst du hierbleiben?“ fragte sie.

„Noch drei Tage.“

„Dann hast du nicht viel Zeit.“

„Du willst aus deiner Familie ausbrechen.“

„Nein.“

„Du fühlst dich wie eine Gefangene."

„Du verstehst *gar* nichts", sagte sie und zog, wie gestern, ihr Portemonnaie heraus. Allerdings entnahm sie ihm jetzt das Foto ihres Mannes und legte es in meine linke Hand. Weich, fast bittend, schloß sie meine Finger über dem Bild.

„Ich verstehe nicht", sagte ich.

„Aber du mußt ihn doch erkennen", sagte sie.

„Sieh mich bitte einmal an!" bat ich.

„Wenn du es getan hast", sagte sie, „dann. Dann *das* und *alles*."

Wie hätte ich protestieren können? Ich war so voller Ungeduld.

„Morgen wieder halb zwei?"

„Vorm Punto Indio?"

Sie zögerte, sagte: „In deiner Pension."

„Ja", sagte ich, „gut."

Sie stand auf. „Willst du mich nicht noch etwas fragen?" Und immer dieser Blick zum Boden!

„Fragen?"

„Ja verstehst du denn nicht?! Du mußt doch wissen, wo du ihn findest!"

„Ja", sagte ich, „sicher ..."

„Hast du etwas zu schreiben?"

Ich reichte ihr einen Kuli. „Und Papier? – Nein?" Sie glättete eine der Servietten und schrieb eine Adresse auf. „Er kommt gegen halb zehn, und er geht gegen sieben. Ponce ist ein pünktlicher Mensch mit sehr großer Ehre."

Ich saß noch über eine Stunde da und starrte immer wieder auf die Adresse. Dann machte ich mich auf den Weg. Ich durchstreifte die Stadt ohne ein bewußtes Ziel, kam aber schließlich bei Ponces Firma heraus. Die Agentur befand sich im Erdgeschoß eines achtstöckigen Hauses, dessen Vorderfront ganz wie die meiner Pension auf eine Avenida hinausging; der Geschäftseingang aber befand sich um die Ecke in einer engen Calle, von der ein ganzes Netzwerk kleiner Straßen abzweigte. Ein Leichtes, darin unterzutauchen.

Am frühesten Morgen brach ich auf und war demzufolge fast eine Stunde zu früh. Es hätte ja sein können, daß Ponce wider Erwarten außer der Zeit kam. Aber er kam nicht außer der Zeit. Ich erkannte ihn sofort, es hätte der Fotografie gar nicht bedurft. Die ganze schlaflose Nacht hindurch hatte ich mir vorgestellt, wie es sein würde. Nun war es völlig anders.

Er bemerkte mich, noch bevor ich auf ihn zutrat. Er zeigte keine Regung, hatte keinerlei Furcht in den Augen, nicht einmal Verachtung. Unterm Arm hielt er seine schmale, bordeauxfarbene, elegant genarbte Aktentasche. Er preßte sie nicht an sich, sondern hielt sie bis zuletzt ganz locker.

„Señor Ponce?“ fragte ich.

Er rührte sich kaum, sah mich bloß an von oben nach unten, dann von unten nach oben, aber interessiert: kühl und ohne Vorurteil. Es war nicht leicht, diesem Blick standzuhalten.

„Sie kommen wegen meiner Frau“, sagte Ponce.

„Sie hat von mir erzählt?“

Er schüttelte fast unmerklich den Kopf, aber so, als hätte er gesagt: So etwas merkt man doch.

Die Calle war, anders als gestern Abend, nicht leer. Aber das spielte für diesen Mann keine Rolle. Er schien rein gespannt zu sein, ob ich Muts genug sein würde. Deshalb wich er nicht einmal, als ich zustach, zurück. Das letzte Wort, das er sprach, hör ich noch jetzt: „*¡Mis respetos!*“

Womöglich wußte er wie ich, daß es nicht leicht ist, jemanden zu erstechen, schon gar nicht, die richtige Stelle zwischen den Rippen zu treffen, so daß die Klinge ins Herz dringen kann. Dennoch wählte ich sein Herz als Ziel, denn ich begriff, daß er das verlangen konnte. Das Messer glitt sanft wie durch Brot in ihn hinein.

II

Lena kam pünktlich um halb zwei. Als es an der Tür seines Zimmers klopfte, hob er kaum den Kopf, starrte nur immer weiter hinaus auf das Plakat.

„Es ist nicht verschlossen“, flüsterte er.

Leise schloß Lena hinter sich die Tür.

„Er ist tot.“

„Ja.“

„Wir haben nicht viel Zeit.“

„Nein?“

„Bitte schließ die Rollos.“

Er stand auf, drehte sich aber nicht um. Er hörte das Rascheln ihres Kleides. Es rauschte zu Boden wie die Luft unter den Schwingen hunderter Flamingos, wenn sie sich zugleich vom Ufer erheben. Dann hörte er erst einen, dann den zweiten Pumps auf den Holzboden fallen. Es klang, als t r e n n t e sie sich von den Schuhen –, von ihnen und von allem, was sie vor einer Minute noch gewesen war.

„Dreh dich um“, sagte sie, nachdem die Blechlamellen herabgerasselt waren.

Die Rollos schlossen nicht gut. Lena stand unbekleidet in streifigem, von Staub durchwirbeltem Licht, beide Arme nach hinten über die Schultern gestreckt, die Ellbogen sehr spitze Winkel; so löste sie ihr Haar. Den Engel legte sie auf den kleinen alten Tisch.

„Das ist ein häßliches Zimmer“, sagte sie, indem sie, sich umsehend, langsam auf ihn zuschritt. Erst als sie direkt vor ihm stand, sah sie ihm, zum ersten Mal, in die Augen. Es war, als wäre sie über ihn hergefallen. Und er, um sich zu schützen, müßte ein gleiches, doch *wirklich*, mit ihr tun.

Ihnen blieben knapp zwei Stunden. Sie lagen noch, als sie die Polizeisirenen hörten. Sie standen auch noch nicht auf, als unten am Empfang herumgebrüllt wurde. Sie lagen noch, als der *grupo Halcón* die Treppen hochpolterte. Erst als gegen die Tür geschlagen wurde, sagte sie ihm ins Ohr, das sie küßte: „Wir müssen aufstehen.“ Und rief zur Tür: „*¡Uno momento!*“

Erstaunlicherweise warteten die Polizisten, bis Lena sich angezogen, sogar, bis sie ihr Haar wieder hochgesteckt hatte. Er war in seine Hosen geschlüpft und hatte das Hemd noch nicht zugeknöpft, als sie den Beamten öffnete. Mit einem Blick begriffen diese die Situation und ließen ihre Waffen sinken.

„Ich bin soweit“, sagte Lena, als sie auf den zuging, den sie sofort als Comisario erkannte. Der nickte und schaute mit zusammengezogenen Brauen den Ausländer an, der noch hilflos vorm Bett stand, sich aber dann besann, seinerseits an dem Comisario vorbeischritt und zum Tisch ging, wobei er „Eine Minute bitte“ sagte. Er nahm die Spange mit dem Engel und reichte sie Lena. Die schüttelte leicht den Kopf. Er legte die Spange auf den Tisch zurück und wandte sich erneut an den Comisario. „Ja“, sagte er, „dann bin auch ich jetzt bereit.“

Sie wurden weniger *abgeführt* als zu den Einsatzwagen *geleitet*. Alles ging höflich vor sich und ohne jedes weitere Aufsehen. Lena wurde in das eine Auto, er in ein anderes gebeten. Ohne Sirene und Blaulicht fädelte sich der kleine Konvoi Fahrzeug um Fahrzeug in den Verkehr ein.

© Alban Nikolai Herbst, 2003

Roberto Bolaño

wurde 1953 in Santiago de Chile geboren. Nachdem er einen Großteil seiner Jugend in Mexiko verbracht hatte, kehrte er Anfang der Siebzigerjahre nach Chile zurück, wo er als erklärter Linker an der Aufbruchstimmung im Land unter der Regierung von Salvador Allende Anteil nehmen wollte. Nach dem Militärputsch vom 11. September 1973 wurde er acht Tage gefangen gehalten, konnte aber mithilfe seiner Freunde das Land verlassen. Er ging erst nach El Salvador und später zurück nach Mexiko, wo er ein Leben als Bohemien und literarisches Enfant terrible führte – „ein routinierter Provokateur, von allen Verlagshäusern gefürchtet. Obwohl er ein Niemand war, platzte er in Literaturdarbietungen und Lesungen hinein", erinnerte sich der spanische Verleger und Schriftsteller Jorge Herralde später an das ungestüme Wesen des Chilenen.

1977, nach dem Ende des Franco-Regimes, zog Bolaño nach Spanien, wo er neben diversen Aushilfsjobs ab den Achtzigerjahren sein Leben von den Preisgeldern bestritt, die er bei literarischen Wettbewerben gewann – er arbeitete am Tag und schrieb in der Nacht.

Anfangs verfasste Bolaño surrealistische Lyrik. Er gründete zusammen mit Mario Santiago die mexikanische Dichterbewegung der „Infrarealisten". Später wandte er sich jedoch der Prosa zu, mit der er ab den Neunzigerjahren zunehmenden Erfolg erzielte. Der endgültige Durchbruch gelang ihm 1996 mit seinem Werk *Die Naziliteratur in Amerika*, einer fiktiven Literaturgeschichte, die aus höchst realistisch erfundenen 30 Lebensläufen von nationalsozialistischen Dichtern aus Süd- und Nordamerika besteht. Wenige Jahre später wurde sein Roman *Die wilden Detektive* mit dem spanischen Premio Herralde sowie dem Premio Rómulo Gallegos ausgezeichnet. Letzterer ist einer der angesehensten Literaturpreise Lateinamerikas.

Bolaños Werk wurde von Kritikern häufig mit jenem von Julio Cortázar verglichen, der wie er ebenfalls deutlich von Jorge Luis Borges beeinflusst wurde. Er veröffentlichte zahlreiche Romane, Erzählungen und Essays.

Immer wieder darauf angesprochen, wo er sich beheimatet fühle, fielen die Antworten des gebürtigen Chilenen, der einen Großteil seines Lebens in Spanien und Mexiko verbrachte, verschieden aus. Manchmal meinte er: „Vielleicht sind es die Menschen, die einer liebt, in meinem Fall meine beiden Kinder." Manchmal erklärte er: „Ich bin Lateinamerikaner." Oft erwiderte er aber auch: „Meine Heimat ist die spanische Sprache."

Während seiner letzten Lebensjahre litt Roberto Bolaño an einer Leberzirrhose. Er verstarb 2003 in Barcelona. In seinem Nachlass befinden sich mehrere unvollendete Werke.

Die folgende Erzählung von Roberto Bolaño erschien posthum und stammt aus dem 2007 veröffentlichten Erzählband *El secreto del mal.* Sie liegt hier erstmals in deutscher Übersetzung vor.

Roberto Bolaño

Labyrinth

Sie sitzen. Sie schauen in die Kamera. Sie, das sind, von links nach rechts, J. Henric, J.-J. Goux, Ph. Sollers, J. Kristeva, M.-Th. Réveillé, P. Guyotat, C. Devade und M. Devade.

Auf dem Foto findet sich kein Urhebervermerk.

Sie sitzen um einen Tisch herum. Der Tisch ist ganz gewöhnlich, vielleicht aus Holz, vielleicht aus Plastik, vielleicht sogar aus Marmor und mit Metallfüßen, jedenfalls liegt nichts unserer Absicht ferner, als ihn bis zum Überdruss zu beschreiben. Der Tisch ist groß genug, dass die oben Genannten daran Platz haben, und er steht in einer Kneipe. Oder zumindest scheint es so. Sagen wir für den Augenblick einmal, dass er in einer Kneipe steht.

Die acht Personen, die auf dem Foto abgebildet sind, die für das Foto posieren, sitzen in Form eines Fächers oder Halbmondes oder bilden ein allenfalls übermäßig weit geöffnetes Hufeisen, in der Absicht, dass jeder von ihnen deutlich und ganz abgebildet ist. Das heißt, niemand kehrt den Rücken zu, niemand zeigt zwangsläufig sein Profil. Vor ihnen oder besser gesagt zwischen ihnen und dem Fotografen (und das ist etwas eigenartig) ragen drei Pflanzen hervor: ein Rhododendron, ein Gummibaum und eine Hauswurz, die sich aus einem Blumenkasten erheben, der vielleicht, nur vielleicht, zur Abtrennung von zwei klar auseinandergehaltenen Bereichen der Kneipe dient.

Das Foto stammt mit allergrößter Wahrscheinlichkeit aus der Zeit um 1977.

Aber kehren wir zu den Personen zurück. Auf der linken Seite haben wir, wie bereits erwähnt, J. Henric, das heißt den Schriftsteller Jacques Henric, 1938 geboren und Verfasser von *Archées*, von *Artaud traversé par La Chine*, von *Chasses*. Henric ist ein kräftiger Mann, ein breiter Bursche mit muskulösem

Körperbau, vermutlich nicht allzu groß. Er trägt ein kariertes, bis zur Hälfte des Unterarms hochgekrempeltes Hemd. Er ist nicht gerade das, was man einen gut aussehenden Kerl nennt, vielmehr hat er ein kantiges Bauern- oder Bauarbeitergesicht, dichte Augenbrauen und ein dunkles Kinn, eines dieser Kinne, die (wie manche behaupten) zweimal täglich rasiert werden müssen. Er hat die Beine übereinandergeschlagen und die Hände um ein Knie geschlungen.

An seiner Seite sitzt J.-J. Goux. Über J.-J. Goux wissen wir nichts. Wahrscheinlich heißt er Jean-Jacques, aber in unserer Erzählung und der Bequemlichkeit halber werden wir ihn weiterhin bei seinen Initialen nennen. J.-J. Goux ist jung, blond und trägt eine Brille, sein Gesicht ist kein Gesicht mit feinen Zügen (obwohl er im Vergleich zu Henric nicht nur hübscher, sondern auch intelligenter aussieht), die Linie seines Kiefers ist ebenmäßig und seine Lippen sind voll, wenngleich die untere ein wenig dicker als die obere ist. Er trägt einen Rollkragenpullover und ein dunkles Jackett.

Neben J.-J. befindet sich Ph. Sollers, Philippe Sollers, der Gründer von *Tel Quel*, 1935 geboren, Verfasser von *Drame*, von *Nombres*, von *Paradis*, eine öffentliche Person, die jeder kennt. Sollers hat die Arme verschränkt, den linken auf die Tischoberfläche gestützt und den rechten über dem linken (die rechte Hand hält locker den Ellbogen des linken Armes). Sein Gesicht ist rund. Noch ist es nicht das Gesicht eines Dicken, ganz und gar nicht, aber in ein paar Jahren wird es das wahrscheinlich sein: das Gesicht eines Mannes, der dem guten Essen zugetan ist. Auf seinen Lippen zeichnet sich ein ironisches, kluges Lächeln ab. Die Augen, sehr viel lebhafter als die von Henric oder J.-J. und auch kleiner, sind fest auf die Kamera gerichtet, die ihn fotografiert. Sie werden von ein paar Augenringen umrandet, die dazu beitragen, seinem ovalen Gesicht einen Ausdruck der Sorge und gleichzeitig des Spiels, der Lust am Spiel, zu verleihen. Er trägt wie J.-J. einen Rollkragenpullover, aber der Pullover von Sollers ist weiß, blütenweiß, während der von J.-J. vermutlich gelb oder hellgrün ist. Über dem Pullover trägt er ein Kleidungsstück, das auf den ersten Blick wie ein Jackett aussieht, in einer dunklen Farbe, aber es kann auch sein, dass es ein luftigeres Kleidungsstück ist, vielleicht eine Wildlederjacke. Er ist der Einzige, der raucht.

Neben Sollers haben wir J. Kristeva, Julia Kristeva, die bulgarische Semiologin, seine Frau. Sie ist die Verfasserin von *La traversée des signes*, von *Pouvoirs de l'horreur*, von *Le Langage, cet inconnu*. Es handelt sich um eine schlanke Frau mit leicht ausgeprägten Wangenknochen und schwarzen Haaren mit Mittelscheitel, die hinten zu einem Knoten zusammengebunden sind. Ihre Augen sind dunkel und lebhaft, so lebhaft wie die von Sollers, aber der Unterschied besteht darin, dass die Augen von Kristeva, abgesehen davon, dass sie größer sind, eine gewisse häusliche Wärme ausstrahlen (das heißt eine gewisse Seelenruhe), die den Augen von Sollers fehlt. Sie trägt nur einen Rollkragenpullover, sehr eng anliegend, aber mit weitem Kragen, um den eine lange Kette in V-Form hängt, die zur Betonung der Linie der Brust beiträgt. Auf den ersten Blick sieht Julia Kristeva eigentlich wie eine Vietnamesin aus. Doch ihre Brüste wirken zu groß, als dass sie eine durchschnittliche Vietnamesin sein könnte. Sie ist die Einzige, die beim Lächeln einen Teil ihrer Zähne erkennen lässt.

Neben Kristeva haben wir M.-Th. Réveillé. Auch von ihr wissen wir nichts. Es ist wahrscheinlich, dass sie Marie-Thérèse heißt. Einigen wir uns darauf. Auf jeden Fall ist Marie-Thérèse die erste Person, die ihren Hals nicht mit einem Rollkragenpullover bedeckt. Henric tut es eigentlich auch nicht, aber Henric hat einen kurzen Hals, er hat fast gar keinen Hals, und Marie-Thérèse Réveillé hingegen hat einen langen Hals, den ihre dunkle Kleidung völlig unbedeckt lässt. Das Haar ist glatt und lang, mit Mittelscheitel, und hat eine hellbraune, vielleicht honigblonde Farbe. Ihr leicht nach links gewandtes Gesicht ermöglicht uns den Blick auf eine Perle, die wie ein verirrter Satellit von ihrem Ohr herabhängt.

Neben Marie-Thérèse Réveillé befindet sich P. Guyotat, das heißt Pierre Guyotat, 1940 geboren und Verfasser von *Tombeau pour cinq cent mille soldats, Eden, Eden, Eden* und *Prostitution.* Guyotat ist kahlköpfig. Das ist das Erste, das ins Auge springt. Und er ist auch der attraktivste von den Männern, aus denen sich die Gruppe zusammensetzt. Das heißt: Seine Glatze glänzt, sein Schädel ist stattlich, das schwarze Haar, das lediglich seine Schläfen bedeckt, ähnelt den Lorbeerblättern, die die Köpfe der siegreichen römischen Generäle umkränzten. Sein Gesicht zeigt ohne Scheu und ohne Zurschaustellung die Miene eines nächtlichen Herumtreibers. Er trägt eine Lederjacke, ein Hemd und ein T-Shirt. Dieses letzte Kleidungsstück (aber hier *muss* wohl ein Irrtum vorliegen) ist weiß mit schwarzen waagrechten Streifen und mit einem durch einen noch dickeren schwarzen Streifen hervorgehobenen runden Kragen wie die T-Shirts von Kindern oder russischen Fallschirmjägern. Die Augenbrauen sind schmal und kräftig. Im Grunde stellen die Brauen die Grenze zwischen seiner enormen Stirn und seinem Gesicht dar, das zwischen Konzentration und Teilnahmslosigkeit schwankt. Seine Augen blicken forschend, aber vielleicht führen sie uns in die Irre. Seine Lippen sind aufeinandergepresst, vielleicht eine unabsichtlich erfolgte Bewegung.

Neben Guyotat haben wir C. Devade. Caroline, Carole, Carla, Colette, Claudine? Wir werden es nie erfahren. Sagen wir der Bequemlichkeit halber, dass sie Carla Devade heißt. Wahrscheinlich ist sie die jüngste der Gruppe. Sie trägt das Haar kurz, ohne Stirnlöckchen, und obwohl das Foto schwarz-weiß ist, lässt sich durchaus vermuten, dass sie einen olivfarbenen Hautton hat, der auf eine südländische Herkunft hinweist. Carla Devade kommt möglicherweise aus dem Süden Frankreichs oder aus Katalonien oder aus Italien. Nur Kristeva ist so braun wie sie, aber die Haut Kristevas hat, vielleicht aufgrund des Lichts, eine metallische, bronzeartige Beschaffenheit, während die Haut von Carla Devade sich durch Geschmeidigkeit und Glätte auszeichnet. Sie ist mit einem dunklen Pullover mit rundem Kragen und einer Bluse bekleidet. Auf ihren Lippen ist ein wenig mehr als der Anflug eines Lächelns zu erkennen, vielleicht ein Zeichen der Anerkennung.

Neben Carla Devade haben wir M. Devade. Es ist anzunehmen, dass es sich um den Schriftsteller Marc Devade handelt, der 1972 noch Mitglied des Redaktionsausschusses von *Tel Quel* war. Seine Beziehung zu Carla Devade ist offensichtlich: Sie sind Mann und Frau. Könnten sie Geschwister sein? Das ist möglich, obwohl zahlreiche physische Unterschiede vorhanden sind. Marc Devade (es widerstrebt mir, ihn Marc zu nennen, gerne hätte ich diesen Anfangsbuchstaben als Marcel oder Max interpretiert) ist blond, pausbäckig und hat sehr helle Augen. Das Beste ist also, daraus zu schließen, dass sie Mann und Frau sind. Devade trägt zur Abwechslung einen Rollkragenpullover – genau wie J.-J. Goux, Sollers und Kristeva – und ein dunkles Jackett. Seine Augen sind groß und wunderschön und sein Mund ist kräftig. Das Haar ist, wie bereits erwähnt, blond und lang (von allen Männern trägt er es am längsten) und elegant nach hinten gekämmt. Seine Stirn ist breit, allenfalls leicht gewölbt. Und er hat, obwohl uns die Körnung des Fotos zu einem Irrtum verleiten kann, ein Grübchen am Kinn.

Wie viele blicken direkt zum Fotografen? Nur die Hälfte: Henric, J.-J. Goux, Sollers und Devade. Marie-Thérèse Réveillé und Carla Devade blicken nach links zu einem Ort, der weiter weg liegt als jener, wo sich Henric befindet.

Guyotats Blick ist schräg nach rechts gerichtet, sagen wir einen oder zwei Meter vom Fotografen entfernt. Und der Blick Kristevas, in dieser Stimmung der eigentümlichste von allen, ist augenscheinlich in Richtung Kamera gewandt, aber in Wirklichkeit blickt sie auf den Magen des Fotografen oder genauer auf den leeren Raum, der zwischen der Kamera des Fotografen und dem Nichts liegt.

Das Foto wurde im Winter oder Herbst aufgenommen, vielleicht auch zu Beginn des Frühlings, auf keinen Fall im

Sommer. Wer sind folglich die am wärmsten Angezogenen? Zweifellos J.-J. Goux, Sollers und Devade, die zu ihren Rollkragenpullovern Jacketts tragen, die vor allem im Fall von J.-J. und Devade dick zu sein scheinen. Bei Kristeva ist das anders: Ihr Rollkragenpullover ist eher dünn, eher elegant als zweckmäßig, und außerdem ist dies ihr einziges Kleidungsstück. Dann haben wir Guyotat. Möglicherweise ist Guyotat wärmer angezogen als die zuvor erwähnten Personen. Es wirkt nicht so, obwohl er zunächst der Einzige ist, der drei warme Kleidungsstücke trägt: die schwarze Lederjacke, das Hemd und das gestreifte T-Shirt. Man könnte anführen, dass er, selbst wenn das Foto im Sommer aufgenommen worden wäre, ebenso gekleidet sein würde. Das ist nicht unwahrscheinlich. Das einzig Sichere ist, dass Guyotat angezogen ist, als ob er auf der Durchreise wäre. Carla Devade hingegen reiht sich genau im mittleren Bereich ein. Die Bluse, deren Kragen über den Pullover hinausragt, ist vermutlich weich und warm; der Pullover selbst ist leger, weder sehr dick noch sehr dünn, von guter Qualität. Schließlich haben wir noch Jacques Henric und Marie-Thérèse Réveillé. Es ist offenkundig, dass Henric kein kälteempfindlicher Mensch ist, obwohl sein kanadisches Holzfällerhemd warm aussieht. Marie-Thérèse Réveillé ist somit diejenige, die am leichtesten bekleidet ist: Unter ihrem dünnen, ausgeschnittenen Strickpullover befinden sich nur ihre Brüste, die von einem weißen oder schwarzen Büstenhalter gestützt werden.

Sie alle, die hier rund um das Jahr 1977 herum mit mehr oder weniger Kleidung festgehalten wurden, sind Freunde, und einige sind außer Freunden auch ein Paar. Die zwei offenkundigsten Fälle sind das Paar, das Sollers und Kristeva bilden, und das offenbar von Carla Devade und Marc Devade gebildete Paar. Man könnte sagen, dass dies die festen Paare sind. Aber einige auf dem Foto vorhandene Anzeichen (eine bestimmte Anordnung der Gegenstände, die Angst einflößende, klangreiche Anwesenheit des Rhododendrons, zwei seiner Blätter, die in den Gummibaum dringen wie

Wolken in Wolken, das Kraut, das im Blumenkasten wächst und mehr Ähnlichkeit mit einem Feuer als mit einem Kraut hat, die in einer unnützen Beschaulichkeit nach links geneigte Hauswurz, die Gläser, die – bis auf das von Kristeva – in der Mitte des Tischs und nicht am Rand verweilen, als ob die Tischgäste fürchteten, dass diese herunterfallen würden) veranlassen uns zu der Annahme, dass zwischen ihnen ein komplexeres, subtileres Beziehungsgeflecht besteht.

Stellen wir uns zum Beispiel J.-J. Goux vor, J.-J., der uns aus der Tiefe seiner dicken, taucherbrillenartigen Augengläser betrachtet.

Wir sehen ihn – für einen Moment leert sich der Platz, den er auf dem Foto einnimmt – durch die Rue de L'École de Médecine spazieren, mit zwei Büchern unter dem Arm, wie hätte es auch anders sein können, bis sie in den Boulevard Saint-Germain mündet. Hier lenkt er alsgleich seine Schritte in Richtung der U-Bahnstation Mabillon, aber bevor er dort ankommt, macht er vor einer Kneipe halt, blickt auf die Uhr, geht hinein und bestellt ein Glas Cognac. Nach einer Weile verlässt er den Tresen und setzt sich an einen Tisch nahe am Fenster. Was macht er? Er öffnet ein Buch. Wir können nicht in Erfahrung bringen, welches Buch es ist, das er gerade liest, aber jedenfalls fällt es J.-J. Goux schwer, sich auf das Lesen zu konzentrieren. Ungefähr alle zwanzig Sekunden blickt er auf und betrachtet den Bürgersteig des Boulevard Saint-Germain mit einem Blick, der sich allmählich verdüstert. Es regnet und die Leute tragen Regenschirme und sind in Eile. Das blonde Haar von J.-J. ist nicht nass, weshalb wir annehmen können, dass es zu regnen begonnen hat, als er sich bereits in der Kneipe befand. Es wird dunkel. J.-J. sitzt noch immer am selben Ort und seine Zeche erhöht sich auf zwei Gläser Cognac und zwei Kaffee. Wenn wir näher kommen, können wir feststellen, dass sich rings um seine Augen eine Kampfzone aufgetan hat: Es sind seine Augenringe. Keinen einzigen Augenblick lang hat er seine Brille abgenommen. Sein Aussehen ist bedauernswert.

Nach unverhältnismäßig langem Warten kehrt er wieder auf die Straße zurück, wo ihn, vielleicht durch die Kälte hervorgerufen, ein Schauer durchläuft. Ein paar Sekunden lang hält er auf dem Bürgersteig inne und blickt nach beiden Seiten. Dann beginnt er in Richtung U-Bahnstation Mabillon zu gehen. Als er am U-Bahneingang ankommt, fasst er sich ans Haar und wirft es mehrmals nach hinten, als ob er auf einmal glaubte, dass er ungekämmt sei, obwohl dies nicht der Fall ist. Danach geht er die Freitreppe hinunter und die Geschichte endet oder stockt in einem Nichts, in dem die Erscheinungen nach und nach verblassen. Auf wen hat J.-J. Goux gewartet? Auf den Menschen, den er liebt? Auf jemanden, mit dem er diese Nacht zu schlafen gedachte? Und wie wird sich das Nichterscheinen dieses Menschen auf seine empfindsame Seele auswirken?

Nehmen wir an, dass der, der bei der Verabredung gefehlt hat, Jacques Henric ist. Während J.-J. auf ihn wartete, begab sich Henric auf einem Honda 250 ccm-Motorrad bis zum Eingang des Hauses der Devades. Aber nein. Das ist nicht möglich. Stellen wir uns vor, dass Henric einfach auf seine Honda gestiegen ist und sich in einem nicht näher bestimmbaren literarischen, nicht näher bestimmbaren leichtlebigen Paris verirrt hat und dass seine Abwesenheit einer Strategie folgt, wie fast jede Abwesenheit in Liebesangelegenheiten.

Gehen wir also noch einmal die Paare durch. Carla Devade und Marc Devade. Sollers und Kristeva. J.-J. Goux und Jacques Henric. Marie-Thérèse Réveillé und Pierre Guyotat. Und rekonstruieren wir die Nacht. Es ist Nacht und J.-J. wartet, ein Buch lesend, dessen Titel wir außer Acht lassen werden, er sitzt in der Kneipe am Boulevard Saint-Germain, sein Rollkragenpullover bringt ihn unaufhörlich ins Schwitzen, aber er fühlt sich noch nicht vollends unwohl in seiner Haut. Henric liegt halb angezogen auf seinem Bett, raucht und blickt zur Decke. Sollers hat sich im Arbeitszimmer seines Hauses eingeschlossen und schreibt (der Rollkragenpullover von Sollers passt sich perfekt seiner rosigen, warmen Haut an). Julia Kristeva befindet sich in der Universität. Marie-Thérèse Réveillé spaziert durch die Avenue Friedland auf der Höhe der Rue Balzac, und die Lichter der Autos erhellen ihr Gesicht. Guyotat ist in einer Kneipe in der Rue Lacépède in der Nähe des Jardin des Plantes und trinkt mit ein paar Freunden. Carla Devade ist in der Küche ihrer Wohnung und sitzt auf einem Stuhl, ohne etwas zu tun. Marc Devade ist in der Redaktion von *Tel Quel* und telefoniert kultiviert mit einem der Dichter, die er am meisten bewundert und hasst. Bald werden Sollers und Kristeva zusammen sein und lesen, nachdem sie zu Abend gegessen haben. Heute Nacht werden sie sich nicht lieben. Bald werden Marie-Thérèse Réveillé und Guyotat zusammen sein, in einem Bett, und er wird sie von hinten nehmen. Sie werden gegen fünf Uhr morgens einschlafen, nachdem sie im Bad ein paar Worte miteinander gewechselt haben. Bald werden Carla Devade und Marc Devade zusammen sein und sie wird schreien und er wird schreien und dann wird sie ins Zimmer gehen und einen Roman nehmen, irgendeinen der vielen, die sie auf ihrem Nachttisch liegen hat, und er wird sich an seinen Schreibtisch setzen und zu schreiben versuchen, aber es wird ihm nicht gelingen. Carla wird um ein Uhr morgens einschlafen; Marc wird es ihr gegen halb drei gleichtun und sie werden versuchen, einander nicht zu berühren. Bald wird Jacques Henric in eine Tiefgarage hinuntergehen, sich auf seine Honda setzen und in die Kälte der Straßen von Paris hinausfahren, selbst in einen kühlen Menschen verwandelt, in einen Typen, der die Fäden seines eigenen Schicksals in der Hand hat und der sich vom Glück begünstigt weiß, oder zumindest glaubt er das. Er wird der Einzige sein, der den Tagesanbruch und den kläglichen Abzug der letzten Nachtschwärmer beobachten wird, jeder von ihnen ein unergründlicher Buchstabe in einem imaginären Alphabet. Bald wird J.-J. Goux, der als Erster eingeschlafen ist, einen Traum haben, in welchem ihm ein Foto erscheinen wird und in dem er eine Stimme hören wird, die ihn vor der

Anwesenheit des Teufels und vor allem vor dem unheilvollen Tod warnen wird. Dem Traum oder dem gehörten Albtraum wird es gelingen, ihn schlagartig aufzuwecken, und er wird während der restlichen Nacht nicht mehr imstande sein, wieder einzuschlafen.

Dann dämmert es und das Licht fällt einmal mehr auf das Foto. Marie-Thérèse Réveillé und Carla Devade blicken nach links in Richtung eines Gegenstandes, der sich jenseits der muskulösen Schultern Henrics befindet. In Carlas Blick liegt Anerkennung oder Zustimmung: Ihr halbes Lächeln und ihre sanften Augen verheißen es so. Marie-Thérèses Blick dagegen ist bohrend: Ihre Lippen sind leicht halboffen, als ob es ihr schwerfallen würde zu atmen, und ihre Augen versuchen den vermutlich beweglichen Gegenstand ihrer Aufmerksamkeit zu fixieren (sie versuchen ihn *festzunageln* und schaffen es nicht). Beide richten ihren Blick auf denselben Punkt, aber es ist offensichtlich, dass das, was sie ansehen, in ihnen gegensätzliche Gefühle weckt. Carlas Sanftmut ist vielleicht eine Folge von Unwissenheit. Die Unsicherheit und der verteidigende und gleichzeitig inquisitorische Blick von Marie-Thérèse rühren vielleicht daher, dass sie unvermittelt aus vielschichtigen Erfahrungen schöpft.

J.-J. Goux könnte genau in diesem Moment zu weinen beginnen. Die Stimme, die ihn vor der Anwesenheit des Teufels gewarnt hat, hallt noch, wenn auch schwach, in seinen Ohren nach. Doch er sieht nicht nach links in Richtung des Gegenstandes, der die Aufmerksamkeit der beiden Frauen erregt, sondern geradewegs in die Kamera, und auf seinen Lippen deutet sich ein winziges Lächeln an, ein Lächeln, das gern ironisch wäre, das aber vorläufig nur in den ruhigen, weniger gefährlichen Gefilden wirkt.

Wenn es noch einmal Nacht wird über der Fotografie, wird sich J.-J. Goux ohne Umschweife nach Hause begeben, sich ein Sandwich zubereiten, fünfzehn Minuten lang fernsehen, nicht eine Minute länger, und sich dann im Wohnzimmer in den Lehnstuhl setzen und mit Philippe Sollers telefonieren.

Das Telefon wird fünfmal läuten und J.-J. Goux wird den Hörer langsam mit der rechten Hand auflegen, während er zwei Finger der linken Hand an seine Lippen führt, wie um sich zu vergewissern, dass er noch da ist, dass *er* noch da ist, in einem weder übermäßig großen noch übermäßig kleinen Wohnzimmer, das überall mit Büchern vollgestopft ist, im Dunkeln sitzend.

Carla Devade, die ihr beifälliges Lächeln vergessen hat, wird ihrerseits Marie-Thérèse Réveillé anrufen und diese wird nach dreimaligem Läuten antworten. Sie werden abschweifen und sie werden über all das sprechen, über das sie nicht sprechen wollen, sie werden sich an einem der nächsten drei Tage in einem Café in der Rue Galande verabreden. An diesem Abend wird Marie-Thérèse alleine ohne ein bestimmtes Ziel ausgehen und Carla wird sich in ihrem Zimmer einschließen, sobald sie das Geräusch des Schlüssels von Marc Devade hört, der im Schlüsselloch herumstochert. Aber vorläufig wird es keine Tragödie geben. Marc Devade wird einen Aufsatz eines bulgarischen Sprachwissenschaftlers lesen, Guyotat wird ins Kino gehen, um einen Film von Jacques Rivette anzusehen, Julia Kristeva wird bis spätnachts lesen, Philippe Sollers wird bis spätnachts schreiben und kaum zwei Worte mit seiner Frau wechseln, da sie sich beide in ihre jeweiligen Arbeitszimmer zurückgezogen haben, Jacques Henric wird sich hinter seine Schreibmaschine setzen und es wird ihm nichts einfallen, weshalb er sich nach zwanzig Minuten seine Lederjacke und seine Stiefel anziehen und in die Tiefgarage hinuntergehen und in der Dunkelheit seine Honda suchen wird, in der Dunkelheit, da das Garagenlicht, weiß der Kuckuck warum, in dieser Nacht defekt zu sein scheint, aber Henric kennt den Platz auswendig, den sein Motorrad belegt, sodass er in der Dunkelheit, im Bauch des Wals, den die Garage verkörpert, ohne Angst oder Vorsicht jeglicher Art vorwärtsgehen, aber auf halbem Wege ein ungewöhnliches Geräusch hören wird (ein Geräusch, das weder von Rohrleitungen noch von der Tür eines Autos herrührt, die auf- oder zugeht), und er wird stehen bleiben und ihm, ohne genau zu wissen, warum, lauschen, aber das Geräusch wiederholt sich nicht, es ertönte nur einmal und nun herrscht völlige Stille.

Und dann endet die Nacht (oder der Teil der kleinen Nacht, der leicht zu fassende Teil der Nacht, endet) und das Licht umhüllt das Foto wie ein glühendes Heftpflaster und da haben wir wieder Pierre Guyotat, eine fast vertraute Person, mit seiner glänzenden, mächtigen Glatze und seiner Lederjacke, der Lederjacke eines Anarchisten oder eines Kommissars aus dem Spanischen Bürgerkrieg, und da ist der schiefe Blick Guyotats, der nach rechts in Richtung eines Raumes abschweift, den wir hinter dem Fotografen vermuten, in Richtung jemandes, der möglicherweise in der Nähe des Tresens steht, jemandes, der an den Tresen gelehnt oder sitzend trinkt, das heißt jemandes, der Guyotat den Rücken zukehrt und den dieser nur unter der nicht sehr unwahrscheinlichen Annahme von vorn betrachten kann, dass es hinter dem Tresen einen Spiegel gibt. Es handelt sich möglicherweise um eine Frau. Möglicherweise ist es eine junge Frau. Guyotat erblickt ihr Spiegelbild im Glas und auch ihren Nacken. Guyotats Blick ist jedoch bei Weitem nicht so glühend wie der Blick seiner Frau, der sich in den Abgrund bohrt. Und wir können hier sicher einen Schluss ziehen: Marie-Thérèse Réveillé und Carla Devade sehen einen Mann an und Guyotat eine Frau. Und diese Schlussfolgerung verleiht uns eine Gewissheit: Marie-Thérèse und Carla sehen einen Mann an, den sie *kennen,* obgleich beide, wie das so üblich (und fatal) ist, ein völlig unterschiedliches Bild von derselben Person haben. Guyotat sieht zweifellos eine Fremde an.

Sagen wir, dass es sich um X und Z handelt. X ist die Frau am Tresen. Z ist der Mann, den Marie-Thérèse und Carla kennen. Natürlich kennen sie Z oberflächlich. Aus Carlas Blick könnte man schließen, dass es sich um einen jungen Mann handelt (Carlas Blick ist nicht nur sanft, sondern auch behütend), wiewohl man aus Marie-Thérèses Blick zugleich schließen könnte, dass es sich um ein potenziell gefährliches

Subjekt handelt. Wer kennt Z noch? Alles scheint auf niemanden sonst hinzudeuten, jedenfalls scheint niemandem etwas an seiner Anwesenheit zu liegen. Vielleicht handelt es sich um einen jungen Schriftsteller, der bei einer Gelegenheit versuchte, seine Texte in *Tel Quel* zu veröffentlichen, vielleicht handelt es sich um einen jungen südamerikanischen oder, noch besser, mittelamerikanischen Journalisten, der bei einer Gelegenheit versuchte, eine literarische Reportage über die Gruppe zu verfassen. Es ist sehr wahrscheinlich, dass er ein ehrgeiziger junger Mann ist. Wenn er ein Mittelamerikaner in Paris ist, ist es abgesehen davon, dass er ehrgeizig ist, sehr gut möglich, dass er ein leicht verletzbarer junger Mann ist. Von denen, die um den Tisch herum sitzen, kennt er nur Marie-Thérèse, Carla, Sollers und Marc Devade. Sagen wir, dass er bei einer Gelegenheit in der Redaktion von *Tel Quel* war und ihm dort diese vier vorgestellt wurden (bei einer anderen Gelegenheit schüttelte er auch Marcelin Pleynet die Hand, aber der ist nicht auf dem Foto). Die Übrigen hat er noch nie in seinem Leben gesehen oder er hat sie (Guyotat, Henric) nur auf den Umschlagklappen ihrer Bücher gesehen. Wir können uns also den mittelamerikanischen jungen Mann vorstellen, begierig und leicht verletzbar in der Redaktion von *Tel Quel,* und wir können uns vorstellen, dass Philippe Sollers und Marc Devade ihm zuhören, schwankend zwischen Gleichgültigkeit und Verblüffung, und wir können uns sogar vorstellen, dass Carla Devade rein zufällig dort anwesend ist. Sie ist gekommen, um ihren Mann abzuholen, sie ist in die Redaktion geeilt, um ein paar Unterlagen, die Marc auf seinem Schreibtisch vergessen hatte, vorbeizubringen, sie ist da, weil sie auf einmal keine Minute länger die Einsamkeit ihres Zuhauses ertragen konnte, und so weiter. Was wir uns unter gar keinen Umständen vorstellen (oder rechtfertigen) können, ist die Anwesenheit von Marie-Thérèse in der Redaktion. Sie ist die Gefährtin von Guyotat, sie arbeitet nicht bei *Tel Quel*, sie hatte nichts in der Redaktion zu tun. Dennoch war sie da und lernte dort den mittelamerikanischen jungen Mann kennen. Hatte sie sich an diesem Tag auf den ausdrücklichen Wunsch von Carla Devade hin eingefunden? Bestellte sie Carla dorthin, Letztere in dem Wissen, dass ihr Mann sie nicht nach Hause begleiten würde? Oder suchte Marie-Thérèse die Redaktion auf, weil eine andere Person sie dorthin bestellt hatte? Kehren wir auf leisen Sohlen zu dem Nachmittag zurück, an dem der Mittelamerikaner in der Rue Jacob erscheint, um seine Aufwartung zu machen.

Es ist zur Stunde, in der die Büros schließen. Die Sekretärin ist schon gegangen, und als die Glocke ertönt, ist es Marc Devade persönlich, der die Tür öffnet und ihn, ohne ihm in die Augen zu sehen, hereinlässt. Der Mittelamerikaner setzt den Fuß über die Schwelle und folgt dann Marc Devade in ein Büro am Ende des Flurs. Auf dem Holzboden hinterlässt er beim Gehen Tropfen, obwohl es draußen schon lange zu regnen aufgehört hat. Devade achtet freilich nicht auf dieses Detail und geht ihm voran, wobei er mit dieser Eleganz, die nur einige Franzosen zu besitzen scheinen, über irgendetwas spricht, über das Wetter, über das Geld, über unumgängliche Arbeiten. Im Büro, das geräumig ist, mit einem Tisch, mehreren Stühlen, zwei Lehnstühlen und mit Büchern und Zeitschriften vollgestopften Regalen, wartet er auf Sollers, den der Mittelamerikaner eilig begrüßt und als eines der großen Genies des Jahrhunderts würdigt, ein Kompliment, das in den warmen Ländern jenseits des Ozeans nichts Ungewöhnliches ist, in der Redaktion von *Tel Quel* und in Sollers' Ohren aber beinahe wunderlich klingt. In der Tat kreuzt sich, kaum dass der Mittelamerikaner seinen Ausspruch getan hat, Sollers' Blick mit jenem von Devade, und sogleich fragen sich beide, ob sie nicht einem Wahnsinnigen Tür und Tor geöffnet haben. Andererseits ist Sollers in seinem tiefsten Inneren zu achtzig Prozent mit der Einschätzung des Mittelamerikaners einverstanden, was dazu führt, dass, nachdem sie den Gedanken verworfen haben, dass dieser Mensch sich über sie lustig macht, das Gespräch zumindest anfangs in freundlichen Bahnen verläuft. Der Besucher spricht von Julia Kristeva (und als er von der berühmten Bulgarin spricht, zwinkert er Sollers zu), er spricht von Marcelin Pleynet (den er zuvor kennengelernt hat), er spricht von Denis Roche (dessen Werk er, wie er versichert, gerade übersetzt). Devade hört ihm mit leicht verzerrtem Mund zu. Sollers hört ihm zu und pflichtet ihm hin und wieder bei, aber mit jeder Sekunde, die vergeht, langweilt er sich mehr. Plötzlich sind Schritte auf dem Flur zu hören und die Tür öffnet sich. Die drei Männer drehen sich um. Es erscheint Carla Devade, die eine taillierte Cordhose, flache Schuhe und ein trübes Lächeln in ihrem hübschen südländischen Gesicht trägt. Marc Devade erhebt sich von seinem Platz; einen Moment lang flüstert das Ehepaar Fragen und Antworten. Der Mittelamerikaner ist verstummt, Sollers sieht mechanisch ein Exemplar einer englischen Zeitschrift durch. Danach bewegen sich Carla und Marc weiter ins Zimmer (Carla mit unsicheren kleinen Schritten, den Arm ihres Mannes untergehakt) und der Mittelamerikaner erhebt sich, er wird vorgestellt, er begrüßt die gerade erst Hinzugekommene zuvorkommend. Anschließend wird das Gespräch wieder aufgenommen, aber der Elan des Mittelamerikaners schlägt zu seinem Unglück eine andere Richtung ein (er hört auf, von Literatur zu erzählen, und fängt an, von der unvergleichlichen Schönheit und der Anmut der französischen Frauen zu reden) und Sollers' Interesse erlischt. Die Verabschiedung erfolgt kurz darauf: Sollers blickt auf die Uhr, sagt, dass es spät sei, Devade begleitet den Mittelamerikaner zur Tür, sie geben einander die Hand und der Mittelamerikaner läuft, ohne auf den Fahrstuhl zu warten, die Treppe hinab. Auf dem Treppenabsatz des ersten Stockwerks trifft er auf Marie-Thérèse Réveillé. Der Mittelamerikaner redet beim Gehen vor sich hin, auf Spanisch und mit zu lauter Stimme. Als sie aufeinandertreffen, nimmt Marie-Thérèse seinen grimmigen Blick wahr. Sie stoßen zusammen. Beide bitten um Entschuldigung. Sie sehen sich noch einmal an (und das ist überraschend, dass sie sich, nachdem sie einander um

Entschuldigung gebeten haben, noch einmal ansehen) und dann entdeckt sie in seinen Augen, hinter der bequemen Maske des Grolls, einen Quell von unerträglichem Schrecken und Angst.

Der Mittelamerikaner ist also Z im Café auf dem Foto, und Carla und Marie-Thérèse haben ihn wiedererkannt, haben sich an ihn erinnert. Er ist möglicherweise gerade erst gekommen, möglicherweise ist er an dem Tisch, an dem sich alle aufhalten, vorbeigekommen und hat sie gegrüßt, aber außer den Frauen hat ihn niemand wiedererkannt, was für den Mittelamerikaner nichts Neues ist, doch es gelingt ihm nicht, sich daran zu gewöhnen. Nun ist er dort, links von der Gruppe, mit anderen Mittelamerikanern oder vielleicht auf andere Mittelamerikaner wartend, und in seinem tiefsten Inneren toben die Kränkungen und die Verletzungen, die Eiseskälte der Stadt des Lichts und der Groll. Aber sein Erscheinungsbild ist ambivalent: Bei Carla Devade ruft es die Haltung einer jungen älteren Schwester oder einer Missionsschwester in Afrika hervor und bei Marie-Thérèse ein Gefühl von Drahtgittern und einen undeutlichen Impuls des Begehrens.

Und dann wird es wieder Nacht und das Foto zerrinnt oder wird mit Strichen verschmiert, die einzig der Mechanik der Nacht gehorchen, und Sollers schreibt im Arbeitszimmer seines Hauses und Julia Kristeva schreibt im daran angrenzenden Arbeitszimmer, die Arbeitszimmer sind dermaßen schalldicht, dass die beiden nichts voneinander hören, etwa wenn sie die Schreibmaschine benutzen oder wenn sie sich erheben, um ein Nachschlagewerk zu suchen, oder wenn sie husten oder mit sich selber reden, und Carla und Marc Devade verlassen das Kino (sie haben sich einen Film von Rivette angesehen), ohne miteinander zu sprechen, obwohl Marc und dann Carla, die stärker geistesabwesend ist, bei ein paar Gelegenheiten Bekannte grüßen, und J.-J. Goux bereitet sein Abendmahl zu, ein spärliches Abendmahl, das aus Brot, Pastete, Käse und einem Glas Wein besteht, und Guyotat zieht Marie-Thérèse Réveillé aus und wirft sie mit einer unsanften Bewegung auf das Sofa, einer unsanften Bewegung, die Marie-Thérèse in der Luft einfängt, als ob sie einen leuchtenden Schmetterling mit einem leuchtenden Netz einfangen würde, und Henric verlässt sein Zuhause, geht in die Tiefgarage hinunter und bleibt wieder ruhig in dem Augenblick stehen, in dem die Lichter der Tiefgarage ausgehen, zuerst die, die sich in der Nähe des metallenen Rolltors befinden, das auf die Straße führt, und dann die anderen bis hin zum letzten, dem weit hinten, wo seine vielfarbige Honda steht, die einsam und verlassen aufleuchtet und dann in die Dunkelheit eintaucht. Und da denkt Henric, dass sein Motorrad einem assyrischen Gott ähnelt, und er findet Gefallen an diesem Gedanken, aber seine Beine weigern sich vorerst, in die Dunkelheit vorzudringen, und Marie-Thérèse schließt die Augen und öffnet die Beine, eines auf dem Sofa, das andere auf dem Teppich abgestützt, während Guyotat in sie eindringt, ohne ihr den Slip auszuziehen, und sie „meine kleine Hure", „mein Hürchen" nennt und sie fragt, was sie tagsüber gemacht hat, welche Dinge ihr widerfahren sind, durch welche Straßen sie ohne Richtung und Ziel gelaufen ist, und J.-J. Goux setzt sich an den Tisch und bestreicht eine Scheibe Brot mit Pastete und führt sie zum Mund und kaut sie ohne Eile zuerst mit der rechten Seite, dann mit der linken, mit einem Buch von Robert Pinget neben sich, das auf der zweiten Seite aufgeschlagen ist, und mit ausgeschaltetem Fernseher, auf dessen Oberfläche er sich aber spiegelt, ein einsamer Mann, der mit geschlossenem Mund und vollen Backen in einer nachdenklichen, abwesenden Haltung isst, und Carla Devade und Marc Devade lieben sich, Marc unten und Carla oben, nur durch das Licht im Flur beleuchtet, ein Licht, das sie sich angewöhnt haben anzulassen, und Carla stöhnt und versucht, nicht das Gesicht ihres Ehemannes anzusehen, die blonden Haare, die nun zerzaust sind, die hellen Augen, das breite und sanftmütige Gesicht, die zärtlichen, feinen Hände, die Carla brennend begehrte und die sie vergeblich an den Hüften umklammern, als ob sie versuchen würden, sie mit sich zurückzuhalten, ohne die wahre Natur ihrer möglichen Flucht zu begreifen, einer Flucht, die sich ausdehnt wie eine Folter, und Kristeva und Sollers gehen ins Bett, zuerst sie, da sie am folgenden Tag zu früher Stunde eine Vorlesung an der Universität hält, dann er, beide mit je einem Buch, das sie auf ihren Nachttischen liegen lassen werden, wenn ihnen die Augen vor Müdigkeit zufallen, und dann wird Philippe Sollers träumen, dass er einen Strand in der Bretagne entlangspaziert, in Begleitung eines Wissenschaftlers, der den Schlüssel zur Zerstörung der Welt hat, der Strand ist lang und abgeschieden, von Felsen und schwarzen Steilküsten eingezäunt, und sie wandern von Osten nach Westen und plötzlich bemerkt Sollers, dass der Wissenschaftler (derjenige, der redet und erklärt) er ist und derjenige, der an seiner Seite geht, ein Mörder ist; das begreift er, als er den nassen Sand (der vollgesogen wie ein Schwamm ist) ansieht und die Krebse, die herumlaufen und sich verstecken, und die Spuren, die sie beide am Strand hinterlassen (was nicht einer gewissen Logik entbehrt: den Mörder anhand seiner Fußspuren zu erkennen), und Julia Kristeva wird von einem kleinen deutschen Dorf träumen, wo sie vor ein paar Jahren an einem Seminar teilgenommen hat, und sie wird die Straßen des Dorfes sehen, sauber und leer, und sie wird sich auf einen Platz setzen, der winzig, aber voller Pflanzen und Bäume ist, und die Augen schließen und das ferne Piepsen eines einsamen Vogels hören, und sie wird sich fragen, ob sich der Vogel in einem Käfig befindet oder ob es ein wilder Vogel ist, und sie wird am Hals und im Gesicht eine weder kalte noch warme Brise spüren, eine vollkommene Brise, die nach Lavendel und Orangenblüten duftet, und dann wird sie sich an ihr Seminar erinnern und nach der Uhrzeit sehen, aber ihre Armbanduhr wird stehen geblieben sein.

Demnach befindet sich der Mittelamerikaner jenseits der Fotoränder, und die Unbekannte, die Guyotat anblickt und die vorläufig nur den Vorteil ihrer Schönheit ins Gefecht führt, teilt mit ihm dieses unberührte, trügerische Territorium. Ihre Blicke werden sich nicht kreuzen. Sie werden wie zwei Schatten vorbeiziehen, die kurz dasselbe Areal des Grauens teilen: das Vagabundentheater von Paris. Er könnte sich ohne größere Schwierigkeiten in einen Mörder verwandeln. Vielleicht tut er es, wenn er in sein Land in Mittelamerika zurückkehrt, aber nicht hier, wo die einzige Gelegenheit für eine Bluttat, die für ihn begehbar sein wird, der Selbstmord ist. Dieser Pol Pot wird niemanden in Paris umbringen. Am wahrscheinlichsten ist es jedoch, dass er sich, zurück in Tegucigalpa oder San Salvador, der Lehrtätigkeit an der Universität widmet. Die Unbekannte ihrerseits wird nicht in die Asbestnetze von Pierre Guyotat gehen. Sie wartet am Tresen auf ihren Freund und mit ihm oder mit dem darauffolgenden wird sie nicht zögern, ein unglückseliges und zusehends tröstliches Eheleben zu beginnen. Die Literatur findet neben ihnen, den literarischen Schöpfungen, statt und küsst sie auf die Lippen, ohne dass sie es merken.

Der Ausschnitt aus dem Restaurant oder Café, wo das Foto sein schleierhaftes Nest hat, setzt seinen unerbittlichen Gang quer durch das Nichts fort. Hinter Sollers zum Beispiel können wir die bruchstückhaften Gestalten dreier Männer ausmachen. Von keinem ist es möglich, das Gesicht zu sehen. Von dem auf der linken Seite, der sein Profil zeigt, sieht man die Stirn, eine Augenbraue, den hinteren Teil eines Ohres und das Haar. Von dem auf der rechten Seite sieht man ein Stückchen von der Stirn, den Wangenknochen, Strähnchen von dunklem Haar. Der in der Mitte, und das ist der, der den Ton angibt, lässt uns fast in vollem Umfang seine Stirn erkennen, wo sich scharf zwei Falten, die Augenbrauen, der Beginn des Nasenrückens und der Ansatz eines bescheidenen Haarschopfs abzeichnen. Hinter ihnen gibt es eine Glasscheibe, und hinter der Glasscheibe wandern zahlreiche neugierige Leute zwischen ein paar Verkaufsständen oder Schaukästen, vielleicht Bücherständen, herum. Die überwiegende Mehrheit steht mit dem Rücken zu unseren Personen (die ihrerseits diesen ebenfalls den Rücken zeigen), bis auf einen Jungen, einen Jungen mit rundem Gesicht und glatten Stirnfransen, der eine allenfalls zu enge Jacke anhat und verstohlen in Richtung Kneipe blickt, als ob er aus dieser Entfernung Zeuge von all dem sein könnte, was sich im Inneren ereignet, etwas im Grunde ziemlich Unwahrscheinliches.

Und rechts in einer Ecke haben wir den Mann, der wartet, oder den Mann, der lauscht. Sein Gesicht ragt genau über dem blonden Kopf von Marc Devade hervor. Er hat dunkles fülliges Haar, dichte Augenbrauen und ist schlank. In einer Hand (einer Hand, die sich lässig an seine rechte Schläfe lehnt) hält er eine Zigarette. Der Rauch der Zigarette steigt spiralförmig zur Decke und die Kamera fängt dies fast so ein, als würde es sich um das Foto eines Phantoms handeln. Telekinese. Ein Fachmann könnte in einer halben Sekunde die Zigarettenmarke feststellen, die er raucht, allein indem er sich diesen dichten Rauch ansieht. Bestimmt eine Gauloise. Sein Blick ist auf die rechte Seite des Fotos gerichtet, das heißt, er kümmert sich nicht um das Foto, aber in gewisser Weise posiert er auch dafür.

Und es gibt noch jemanden: Wenn wir aufmerksam hinsehen, werden wir eine Nase erblicken, die wie eine Geschwulst aus dem Halse Guyotats hervortritt, eine zerfurchte Stirn, einen Umriss einer Oberlippe, das Profil eines Mannes, der zwangsläufig ernst zur selben Stelle sieht wie der Mann, der raucht, obwohl beide Blicke nicht unterschiedlicher sein könnten.

Und dann klappt das Foto zu und es bleibt nur der in der Luft schwebende Rauch der Gauloise zurück, als ob sich das Foto plötzlich nach rechts neigen würde, in Richtung des schwarzen Lochs des Zufalls, und Sollers bleibt auf einmal in irgendeiner Straße in der Nähe der Place de Wagram stehen und tastet seine Taschen ab, als ob er sein Adressbuch vergessen oder verloren hätte, und Marie-Thérèse Réveillé fährt ihr Auto über den Boulevard Malesherbes in der Nähe der Place de Wagram, und J.-J. Goux telefoniert mit Marc Devade (die Stimme von J.-J. ist brüchig, Devade spricht kein Wort), und Guyotat und Henric spazieren durch die Rue St. André des Arts in Richtung Rue Dauphine und treffen zufällig Carla Devade, die sie begrüßt und nicht mehr loslässt, und Julia Kristeva kommt aus einer Unterrichtsstunde, umgeben von einer Eskorte von Schülern, der es an ausländischen Studenten (zwei Spanier, ein Mexikaner, ein Italiener, zwei Deutsche) nicht mangelt, und das Foto verliert sich wieder im Nichts.

Polarlicht. Erwachen der Hunde. Fast durchsichtig, öffnen sie alle die Augen. Marc Devade träumt, in einen grauen Schlafanzug gezwängt, in seinem einsamen Bett von der Académie Goncourt. J.-J. Goux blickt aus dem Fenster seines Domizils zu den Wolken, die am Himmel von Paris vorbeiziehen, und er vergleicht sie zu ihrem Nachteil mit bestimmten Wolken des Malers Pisarro oder mit den Wolken des Albtraums. Julia Kristeva schläft und ihr friedliches Gesicht ähnelt einer assyrischen Maske, bis eine unmerkliche schmerzhafte Bewegung sie wieder wach werden lässt. Philippe Sollers lehnt an der Geschirrspülmaschine in der Küche und aus seinem rechten Zeigefinger tropft Blut. Carla Devade geht die Treppen ihres Hauses hinauf, nachdem sie die Nacht mit Guyotat verbracht hat. Marie-Thérèse Réveillé bereitet Kaffee zu und liest ein Buch. Jacques Henric wandert durch eine dunkle Garage und seine Stiefel hallen auf dem Zement wider.

Vor seinem Blick breitet sich eine Welt von Umrissen aus, eine Welt ferner Geräusche. Die Gelegenheit, Angst zu fühlen, nähert sich, wie sich der Wind einer Provinzhauptstadt nähert. Henric bleibt stehen, sein Herz klopft schneller, er sucht einen Anhaltspunkt, aber während er es vorher zumindest schaffte, Schatten und Silhouetten am hinteren Ende der Garage zu erahnen, erscheint ihm nun die Dunkelheit undurchlässig wie ein leerer Sarg auf dem Grund einer Gruft. Also beschließt er, sich nicht zu bewegen. In dieser

Regungslosigkeit beruhigt sich sein Herz allmählich und die Erinnerung an die Bilder dieses Tages kommt zurück. Er ruft sich Guyotat ins Gedächtnis, den er heimlich bewundert, wie dieser unverhohlen die kleine Carla umwirbt. Er sieht die beiden noch einmal lächeln und dann sieht er sie in eine Straße weggehen, in der die gelben Lichter bersten und sich blitzartig wieder zusammensetzen, ohne erkennbare Ordnung, obwohl Henric in seinem tiefsten Inneren weiß, dass alles irgendetwas gehorcht, dass alles ursächlich mit etwas verknüpft ist, dass das Willkürliche nur sehr selten in der menschlichen Natur vorkommt. Er führt eine Hand an den Hosenschlitz. Diese Bewegung, die erste, die er macht, erschreckt ihn. Er hat einen Steifen und verspürt dennoch keinerlei sexuelle Erregung.

Originaltitel: „Laberinto“
aus: „El secreto del mal“ von Roberto Bolaño
© Herederos de Roberto Bolaño, 2007. All rights reserved
Aus dem Spanischen übersetzt von Christiane Barnaházi und Elisabeth Schöberl

Guadalupe Santa Cruz

wurde 1952 in den USA geboren. Die chilenische Staatsbürgerin ist in verschiedenen Ländern Europas und in Chile aufgewachsen. Sie studierte Grafik in Belgien und war später als Dozentin für Gender Studies und Literaturwissenschaft an verschiedenen Hochschulen in Chile tätig. Guadalupe Santa Cruz schreibt Essays und Artikel, leitet Workshops zum Thema kreatives Schreiben und arbeitet als Übersetzerin.

Ihr Roman *Plasma*, aus dem der folgende Auszug stammt, wurde 2004 mit dem Premio del Consejo Nacional del Libro ausgezeichnet.
Das Werk handelt von dem Detektiv Bruno, der auf der Suche nach Rita, die des Drogenhandels verdächtigt wird, in die chilenische Wüste reist. Rita arbeitet in einer Fabrik mit Plasma und hegt wie Bruno eine Leidenschaft für Buchstaben und Wörter, mit deren Hilfe sie in andere Dimensionen vorzudringen versucht. Fasziniert davon stellt Bruno seine Ermittlungsversuche nach und nach ein und beginnt seine Identität zu verändern.

Guadalupe Santa Cruz liebt den spielerischen, profunden Umgang mit der Sprache. Die Autorin, die auch bildende Künstlerin ist, malt mit den Worten. Die Sprache ist für sie flüssiges Material, aus dem sie neuartige, die Fantasie entfachende Gemälde formt. Auf diese Weise entstehen in dem Roman eindringliche, oft fiebertraumhafte Bilder, die sich Szene für Szene mosaikartig aneinanderreihen. Santa Cruz' Text ist eine flammende Verteidigung des Wortes aus seinen tiefsten Schichten heraus.

Guadalupe Santa Cruz

Plasma

– Rita, ich habe Angst vor Lastwagen.

– Welchen Lastwagen? Es gibt Lastwagen, die zentnerweise Mehl befördern, Lastwagen, die von Wassermelonen überquellen, Lastwagen, die bis obenhin randvoll mit Tomatenkisten sind oder Bohnen im Überfluss geladen haben. Tiefkühllastwagen für die Auslieferung von Milchprodukten, Pferdetransporter, Fischlieferwagen, Tankwagen. Es gibt auch welche mit Menschen.

– Illegalen Einwanderern, die erstickt an der Grenze ankommen.

– Menschen, die gegen Säcke, gegen Melonen, gegen Berge von Zwiebeln und Mangold gelehnt sind.

– Lastwagen, die mit Saisonarbeitern überladen sind, denen eine Brücke nicht mehr standhält, die umstürzen und sterben.

– Mietwagen, die bemalt sind, mit Namen und Landschaft. Lastwagen auf zwei Rädern wie Leiterwagen. Lastwagen mit Seetang.

– Ich habe Angst vor Öltankwagen, vor Lastwagen, die verschlossen sind und die schnell fahren.

– Hast du sie nicht auch nachts gehört, Bruno, als die Lastwagen über einen Viadukt fuhren und die Luft durch die gleichmäßigen Zementpfeiler stoßweise zum Erzittern brachten?

– Es gibt Wettkämpfe zwischen Lastwagen, es gibt einen Lkw-Krieg auf den Autobahnen, riesengroße Reifen und Lenkräder, die auf den Straßen miteinander um die Wette rasen, die Anzeige auf ihren Armaturenbrettern in die Höhe treiben und viele Kilometer weit Treibstoff verbrennen.

– Genau solche sieht man in der Ferne, ab Molla, sie stimmen die Sternennacht in der Wüste milde und verleihen dem weiten Himmel einen Boden, mit dem Strahl der Lichter ihrer Kolonnen und mit der Spur, die ihre Sattelzüge bilden, wenn sie sich in der Dunkelheit fortbewegen.

– Ach, Rita. Ich habe Angst vor Lastwagen. Nicht, wenn sie weit weg sind wie Punkte, die sich gleichförmig in einer waagrechten Linie bewegen, wie sie die Panamericana in der Ferne bildet, ab Molla, sondern vor diesem Lastwagen, der nachts anhält, um ein Ziel zu verfolgen, und der auf mich wartet, auf mich wartet als Fahrer in die kommende Nacht.

*

– Rita, mein Haar ist dichter und fester geworden. Hast du etwa dein Haar beigemengt? Ich fühle fremde Haarbüschel, Tierwolle, das Garn eines Lamas um meinen Kopf herum. Du hast mit meinem Haar und dem von Efraín gesponnen. Du hast etwas geflochten. Mein Begräbnis wird eingefädelt. Da hängen ein paar Strähnen herab, Rita, du machst das nicht ordentlich. Auch nicht mit den Schnüren, du bist nicht richtig mit dem Bast umgegangen, sie halten nicht an mir fest, sie sind nicht kräftig, sogar als Toter würde ich mich in Teile verstreuen, Rita, bitte Dominga um Hilfe, die Weberin von Fajes, die mit dem Kreuzstich, Dominga, die Näherin mit den feinen Reihstichen. Du musst dich auf die Suche nach ihr machen, müh dich nicht mit dem Haar ab, irgendein Scheitel wird schon bleiben, deine Strähnen will ich, und die von Efraín, aber den Turban muss Dominga anfertigen, die Ruhe der Hände von Dominga. Auch um die Federn musst du dich nicht kümmern, ich bin ganz beflügelt, die Farben umschwärmen meinen Kopf, füg keine Erdfarbe hinzu. Rita, sag Efraín, dass er seine Flicken behalten soll, ich werde es ohne Fell und ohne Federn und ohne Wolle ausbessern. Sag Efraín, dass ich dich nach Fajes begleite. Dass ich Dominga nicht den Hof mache, und sag ihm, dass sie aus mir einen Turbanträger machen muss, dass sie mir mit ihren Händen, ohne ihre Haare, nein, mit ihren Händen Haar machen muss, feine Haarfäden für mich, der ich so arm bin an Mähne, an Fasern, an Wurzeln.

– Die Wurzel trägt man in der Tasche herum. Man wirft sie unterwegs ab, wenn sie verdorrt, wenn sie verfault, die Wurzel verändert sich, Bruno. Welche Wurzel möchtest du herumtragen? Ist eine Wurzel vorhanden?

Das war das Einzige, das ich ihm erwidern konnte. Sein Haar von orientalischer Festigkeit war lang und offen und schwarz, wie das einer Frau und wie das von uns, die wir durch zerklüftetes Gelände gehen.

Aber Bruno war untröstlich. Ich konnte ihm alles erzählen, was ich von Menschen wusste, die sich nach und nach verändert hatten, vom Mann von La Mancha, vom Maismenschen, vom Wolfsmenschen, vom Kupfermenschen, vom Mann und dem Meer, vom Mann, der vor Liebe wahnsinnig wurde, doch sein Blick blieb starr auf einen anderen Punkt gerichtet.

*

Wir haben uns jener Starrheit angeschlossen, dem übersteigerten, letzten Blick, den Tiere von sich geben, wenn sie wissen, dass sie in der Falle sitzen. Efraín zog ein paar Samenkörner heraus und ich verwendete einen Felsbrocken als Mörser. Ich mahlte die Substanz, verlagerte das ganze Gewicht meines Körpers auf die Hände, um die Behändigkeit der Luft zu entfesseln und alles zu wiegen, die Stätten zu berauschen und sie vom Sockel zu stoßen, denn ich, ich hielt hartnäckig an der Regungslosigkeit Brunos fest. Ich schälte das Korn, bis sich die Körnchen aus Stein mit jenen der Samen im weichsten Mehl, im feinsten Sand miteinander vermischten, bis ich sah, dass sich das Pulver ausgeweitet hatte, die steinernen Körnchen im Fels, was mich bekümmert, während ich sie in winzig kleine Teilchen zermahle und ihre leuchtenden Partikel in Erkennungszeichen einer großen Stadt verwandle, die sich in Kanälen und Häuserblöcken von Formen ausbreitet, die kein Mosaik bilden. Ich zeige Bruno diese Städte, in die er auswandern kann, ich flüstere zu ihm und zu mir, zu uns, die wir unterschiedliche Erfahrungen von Reisen mitnahmen. Ich schrote Fels und Sand und Korn und Hand, ich fühle Traurigkeit wegen der Gewaltsamkeit in der Schönheit dieser Städte, ich fühle verzweifelte Traurigkeit, plötzliche Traurigkeit wegen dieser schönen Städte, weil sie gebaut wurden, und Traurigkeit wegen der plötzlichen Schönheit, über der ich nur einen Augenblick lang vergesse, zu verdrängen versuche, dass sie gebaut wurden, ich weiß nichts von ihrer Gewaltsamkeit, nein, ich flüstere nur laut zu Bruno über die gewaltsame Schönheit der Ortschaft, die sich in Form eines Bogens in bräunlichem, bronzenem Farbton erhebt, der gegen den Felshang gestützt ist, in der Farbe und Beschaffenheit einer Waffel, mit der rauen Mauer, die seinen halbkreisförmigen Umfang aufrecht hält, die schroff abfallende Senkrechte der felsigen Wand nachahmend, an die er sich anschmiegt, eine kleine Stadt in Halbmondform, die aus rostbraunem Mehl gebacken zu sein scheint, eine Festung in Waffelform mit dünnen Wänden wie der Tuff der Pampas, mit offener, nach oben hin löchriger Mauer, mit Waffelterrassen, Waffelplattformen, Waffelfenstern, Waffeltreppen, alle so fahl wie die Sandfläche, die die Ortschaft umgibt und sie von den anderen Ortschaften trennt.

– Hörst du mir zu, Bruno?

Eine Waffelstadt zum Anlegen von Vorrat, mit übereinandergebauten Stockwerken und waffelfärbigen Pfaden, die die Ortschaft mit einer weiteren Waffelstadt verbinden, die ebenfalls ein Vorratslager ist. Aber es fehlt Wasser. Es mangelt auch jenen Städten an Bewässerung, die in Stein gehauen sind, die anfangs wie Städte auf einem rund geschliffenen Stein geformt sind, mit ihren in den enorm harten Felsblock eingekerbten Straßen und Plätzen, und in der Folge jede Steinplatte, jede gemeißelte Steinplatte, damit die Bilder strömen und das Wasser durch sie strömt, von einem zum anderen fallend durch Rillen und Kanäle und unter Geräuschen von in Fluss geratenem Wasser, das in einem feinen, winzigen Strahl rieselt, bei Sturm brodelt, eine Wasserglocke bildet, in wechselnden Bewegungen durch unterirdische Gewölbe und Bäche an der Oberfläche, Fontänen, klangvolle Becken, winzige Schleusen rinnt, Wasser, das von Terrasse zu Terrasse fällt, das über Bewässerungsgraben zwischen Streifen bebauten Landes weiterfließt und in Richtung der Grundstücke an Geschwindigkeit zunimmt, sich einen Reiseweg durch das Gebirge zwischen dem Regen und den Flüssen bahnend.

– Hörst du mir zu, Bruno?

Im Hintergrund der Geräusche dieser von Wasser glitzernden Städte aus Blöcken und Pflastersteinen und all dem Stein, aus dem sie bestehen, leuchtet und spiegelt sich die blaue Last der dunklen Wolken in der Höhe, im Hintergrund dieser Musik von Tropfen und Bächen färbt sich der Fels von Moos, und die Wasser reißen dieses frische Grün mit sich fort, ein Grün, das nicht sättigt, kräftiger als andere Grüntöne, opulenter, voll von getränktem und immer neuem, strahlendem Licht.

– Hörst du mir zu, Bruno?

Ebenso gewaltsam und schön sind die Städte in dem Metall, die an der Spitze eines Hohlwegs gelegen sind, als ob sie hoch aufragende Felsen wären, Rohre, die himmelwärts Knoten bilden, übermäßig große Rohre, die sich mit weiteren verflechten, stille, kalte Schornsteine, die ihre vorübergehend gezügelte Glut in der dünnen Luft, die sie umgibt, hüten, sie sind erloschen, aber sie entfachen sich nach innen, und es fällt eine Asche der Stille, es regnet leise all das, was vermindert wurde, es fährt prasselnd fort, die Flamme ruht.

– Bruno?

*

Es musste nicht getan werden, und doch taten wir es, wir kehrten nach Fajes um, wir kehrten mit dem Leichnam auf dem Rücken um, wir gingen den Pfad zurück. Der eine und andere Lastwagen nahm uns mit und machte damit Brunos Schrecken perfekt: Die Wagen wurden mit dem schwersten Gut, das es nur geben kann, beladen. Wir stellten alle Fahrzeuge, die er sich ausgemalt hatte, gleichzeitig dar, und die Geschwindigkeit, die wir dabei an den Tag legten, war nicht angemessen, denn wir verspürten kein Verlangen, nach Fajes zurückzukehren, und er sprach nicht mehr, sondern verfaulte langsam, heischte um Erde, forderte einen Platz. In den Kabinen zusammengepfercht oder im hinteren Teil des Wagens unsere Köpfe dem Wind aussetzend, schwiegen wir mit Efraín vor uns hin. Seine Hände hingen schlaff herunter, als ob er von einem unbekannten Werkzeug Gebrauch gemacht hätte, das ihm Böswilligkeit eintrug. Ich empfand einen Unmut ihm gegenüber, ein dunkles Unbehagen. Uns haftete die Kraftlosigkeit Brunos an, wir hatten hohle Gliedmaßen, trockene Münder und Augen. Ich entwarf mir eine Skizze von der Landschaft. Nach hinten zu blicken war schlimmer, die Dinge schwankten. Ich verspürte weder den Wunsch, mich vorwärts noch mich rückwärts zu bewegen, ich hielt mich hartnäckig an der Holzkiste fest, den Körper zur Hälfte aufstützend, selbst in einen Holzklotz verwandelt. Zudem mussten wir in den Raststätten auf dem Weg Imbisse zu uns nehmen, in ein anderes Fahrzeug umsteigen, neuerlich Unterstützung finden und Kilometer fressen, Entfernung zurücklegen, ohne sie zu begreifen.

Die Morgendämmerungen im beständigen Geholper der Reifen über den Straßenbelag verursachten mir Schwindelgefühle. Fahler Schimmer kam hinter den Bergen zum Vorschein, der anbrechende Tag weckte mich mit Stichen in den Augenlidern, damit ich über das Licht wachte, das sich über die Dinge ausbreiten sollte. Es war abrupt, nie wusste ich mich gegen diese Verwundung in der Dunkelheit zu verteidigen. Ich spürte, dass die Kiste mich manchmal schützte, wie die Papiere, die ich gegen die uneingeschränkte Leuchtkraft ausbreitete, gegen die gewaltsame Beschlagnahme der Landschaft durch das Sonnenlicht. Ich klammerte mich an die Kiste, an die Stille der Kiste, an die Leere, die zwischen den Holzlatten durchsickerte. Bruno war nicht mehr Bruno, aber es war Bruno, den wir nach Fajes brachten, ohne erfahren zu haben, wer er war, ein Hindernis, ein Störenfried, eine Unmenge von Missgeschicken, von schlecht gemachten Dingen, so lautete sein Name, schwächlich wie er. Efraín reiste nach Fajes, gespannt auf Dominga, was uns dazu veranlasste, die Geschwindigkeit unserer Bewegungen zu steigern. Ich wusste, dass er geneigt war, sich in Dominga zu verlieben, sein Körper sollte den Platz des Körpers von Bruno einnehmen, ohne zu beachten, dass Bruno nicht mehr Bruno war, von dem nur dieser leidige Name blieb, diese Behinderung.

Bei der Ankunft in Fajes, in dem sanften Abschnitt der Landstraße, der den Fluss säumt, welcher nicht mehr vorhanden ist, entdeckte ich langsam den papierenen Blick, den mir diese Reise verursacht hatte. Ich blickte rundherum wie jemand, der neue Brillen ausprobiert. Die Tageszeit löste die Umrisse auf, indem sie diese in einem raschen Akt in flüssigem Licht badete. Das Quecksilber verteilte sich in der letzten Hitze und alles blieb allmählich in einer tosenden, flimmernden Lagune versunken zurück.

Ich verabschiedete mich vom Fahrer, ich sprach mit der Stimme von früher, aber die Worte warfen nun Schatten. Ich sprach zu Efraín, aber die Worte drangen nicht aus meinem Mund, sie blieben widerhallend in mir zurück, zwischen dem, was ich war, zwischen dem, von dem ich nicht wusste, was es war, schwirrten die Worte umher, sie zielten doppelt, als ob sie zu mir als einer anderen sprachen, einer anderen, die zurückkehrte.

Ich begann damals, mir beim Reden, beim Bewegen der Worte zuzuhören.

Weder Efraín noch der Fahrer bemerkten es.

*

Es gelang mir nicht, den flüchtigen Schatten zu fassen, mit dem sich die Worte in dieser neuen Welt ausdehnten, weil mein Leben jäh aus den Fugen geriet. An der Endstation von Fajes erwartete uns eine Abordnung von gerichtlichen Sachverständigen aus Santiago. Den Zug führte Braulio an, der Vorgesetzte, der Name, den Bruno im Delirium genannt hatte, der Name, an den Bruno aufgehört hatte, seine Aufzeichnungen zu richten. Im Hintergrund hielt Baldomero von der Fabrik mit einem Arm Benedicto, meinen barhäuptigen Vater, fest, der, als ob er einem Begräbnis beiwohne, mit zitternder Hand seinen Hut festhielt. Genau in jenem Augenblick, als ich in der Menge Dominga entdeckte, legten mir zwei Männer Handschellen um die Gelenke und stießen mich in einen Kastenwagen.

****

Sobald das Fahrzeug Santiago erreicht, stoßen sie mich auf die Hinterbank, verbinden mir die Augen, und meine Begleiter ändern den Ton ihrer Stimme. Sie sprechen vom Labor, sie verringern den Abstand zu ihm, wir hören alle zu existieren auf angesichts der drohenden Nähe des Labors, das uns bevorsteht, das mit der Zeit heranrückt, in der Dunkelheit der Augenbinde, in der Blende meiner nicht vorhandenen Augen. Das chaotische Santiago tritt durch meine Ohren ein und nichts, nichts kann ich mit meinem Blick entgegensetzen, nichts fließt zwischen diesem unbekannten Santiago und mir, nichts ergießt sich, sie tauchen mich in das Entsetzen des Nichtvorhandenseins, der Ausschaltung.

Mit Unterbrechungen sprechen sie mit mir über die Kapseln, die sie in meiner Tasche gefunden haben, unter Ohrfeigen legen sie mir die Kapseln zur Last, unter Fußtritten. Die Demütigung eröffnet die Verhöre über die Pillen, sie stellen Fragen, stellen Fragen, stellen ständig wiederholend Fragen, zermürben mich völlig durch die Befragung, bis ich nicht verstehe, bis ich die Fragen nicht höre, bis ich mich der Vernehmung entziehe, der sie mich unterwerfen, bis ich mich mit meinen Perlen in eine andere Welt aufmache, denn es sind die Perlen, die ihren Körpern Gewalt antun, die ihre Hände erheben und die Stimme hart werden lassen, Stimmen wie Rasierklingen, Stimmen wie Hämmer, Stimmen wie Bohrer, Stimmen wie zerbrochenes Glas, Stimmen, die begierig auf die Perlen sind, die begierig auf den Raub meiner Perlen sind.

Es gibt keine Morgendämmerung im Labor, hier rührt sich nichts, alles ruft dieselbe Frage wach, alles dreht sich darum, von dem Nichtvorhandensein zu erfahren, das über keine Antwort verfügt.

Mithilfe des Zermürbens, mithilfe der Fragen werden mir die Worte zerklaubt, die ich entgegennehme, sie werden zu Folterwerkzeugen, die ich fernhalte, um den Schmerz zu vermeiden, ich höre nur das Gehäuse ihrer Geräusche, das die Perlen in Barbiturate, in Narkotika, in psychotrope Substanzen verwandelt. Die Voltzahl der Worte steigt. Die Worte hängen kopfüber nach unten. Sie werden geschmäht, die Worte, sie werden vergewaltigt. Die Worte werden ertränkt, sie werden in einem Plastiksack erstickt, die Worte, betäubt, atemlos. Surrogat, Psychotablette, Anästhetikum, Eliximedizin, Pharmakopöe, Dosierer, Surrogat, sie dröhnen, dröhnen, dröhnen wie Glockenschläge, die Worte, sie prallen aufeinander, bis sie ersterben, sie bluten mich aus und ich verstehe sie nicht, sie beziehen sich nicht auf mich, es sind Worte, die von einer anderen begierigen Zunge ausgesprochen werden, die sich in meinem Namen an den Worten auslässt, die sich mit einer Tracht Prügel für die Worte rächt, sie martert sie, um sie zum Ersterben zu bringen, sie hat sie entleert und kann mir den Verstand rauben, wenn ich sie so höre, ohne Sinn, an einem Nichts hängende Worte, die sich diese Praktikanten in Bausch und Bogen zuführen, geblendet durch dasselbe Nichts, das sie bewegt, entflammt durch das Nichts, das sie schaffen können, durch das Nichts, das sie erkennen und an dem sie eisern festhalten, *Narkohypnotikum, pharmakopsychotrop, Barbituratvehikel, Magistralantidot.*

In meine monologische Augenbinde gehüllt nehme ich ermattend Verletzung um Verletzung hin. Ich klammere mich an den antiken Charakter der Worte mit bekanntem Laut. *Trop*. Ich koste *trop*, ich verharre bei diesem geraubten Aasknochen, der von den Praktikanten zusammengesetzten Zusammensetzung, um mich zu verletzen. *Trop* bedeutet „Hinwendung", „Wende". Die Tropen bilden den Bereich zwischen den Wendekreisen, eine Linie, ich habe sie noch dazu überquert, von Breitseite zu Breitseite, den Wendekreis des Steinbocks, meine Linie, ein Sonnenwendegebiet. Ich träume hinter der Binde von dem Steinbock. Dann erhasche ich *betäubt*, ja, ergriffen, gebannt, wie Holzscheite lehne ich die Worte gegen mich. Ich bin diese Worte, aber überwältigt, niemals. Allein die Holzscheite entfachen meine Glut, mit offenem Mund dastehend, aber nicht überwältigt, nein, *betäubt*, gedämpft, vom Licht geblendet, ausgeliefert, nach Licht hungernd.

Als sie über das Wort *abhängig* herfielen, hatte ich es bereits abgerichtet.

Ich entriss ihnen, im Inneren meiner Augenbinde, das *ab* und sie luden ihre Rache auf *hängig* ab, aber das *ab* gehörte mir, und während ich das *ab* bewachte, das *ab* war mein Alphabet, ist mein Alphabet gewesen, konnten sie mir weder etwas anhängen noch Schmerz über mich verhängen, denn das *ab* lag kauernd auf meinen Lippen, in der Binde meineraugenlippen, ein kleines zermalmtes, mit mir solidarisches Alphabet.*

*

– Bist du tot? fragte mich die Stimme, die lockende, einfühlsame Stimme, die Rasselstimme, die gegen das Glockengeläut ankämpfte, mit Rücksicht auf das übel zugerichtete Trommelfell, mit Rücksicht auf die Grimasse. Sie lachte, als ob sie ihn, den Tod, kennen würde, diese Frauenstimme.

– Bist du tot oder tust du nur so? tönte es aus einer anderen Ecke des Raums, in dem ich aufwachte.

– Bist du's?

Zwischen Gerassel und Glockengeläut trat vor mir der Tod auf einem Sessel sitzend in Erscheinung, und dort sitzend sagte der Tod, die Mutter, zu der Tochter Tod, sie fragte sie, warum die Tochter ihres Todes so hager sei, diese fragte die Person des Todes, die sitzende Person, die gemächlich auf dem Sessel sitzende Person, der Tod sprach mit seiner Tochter, der Tod nahm eine Frage entgegen, der Tod wurde gefragt.

Nein, antwortete ich in einem fort. Nein, ohne Worte, aber im Ton des Verhörs, nicht tot, nicht die Stille, nicht

* Leider lässt sich das im spanischen Ausgangstext an dieser Stelle verwendete Wortspiel in der deutschen Übersetzung nur ansatzweise wiedergeben. Die Autorin arbeitet hier mit dem Wort „adicción"(„Abhängigkeit, Sucht"). Sie zerlegt es in die Teile „a" und „dicción" („Wort, Ausdrucksweise, Sprechweise") und führt das Spiel fort, indem sie von dem in „dicción" enthaltenen Wortstamm ausgehend die Verben „diccionar" (den Umgang mit dem Wort beherrschen) und „dictar" (anordnen, entscheiden) einsetzt. Kurzum, die Ich-Erzählerin versucht, sich durch die Unterdrückung des Lauts „a" in „adicción" von den Ermittlern nicht mit Drogen(kriminalität) in Zusammenhang bringen zu lassen. Die Ermittler arbeiten sich vergeblich an der Sprache ab. *(Anm. d. Ü.)*

mehr schlafen, nicht mehr mich zum Todesschlaf aufwecken, nein, nicht mehr.

– Nein, sagte ich.

Es herrschte ein anerkennendes Schweigen.

– He, du.

– He, du.

– He, du.

Es gab „He, du“, die nur Worte waren, und es gab „He, du“, die an mir zerrten, damit ich mich nicht auf und davonmachte, damit ich nicht aufs Herumstreunen verfiel, nicht einfach drauflosging, wohin es mir gerade einfiel, querfeldein.

– He, du Früchtchen.

– He, du Wilde.

– Komm wieder zu dir.

Totenblässe führte mich in ihr undurchschaubares Reich von Geisterworten, ich kannte die Blässe bereits, ich kannte ihren schönen, durch mich irregeleiteten Kompass, ich wollte in Frieden gelassen werden, in Frieden mit dem nichtssagenden Kompass, in Frieden mit der Blässe, die sein Hohlraum mit den Nadeln und den Segmenten ausstrahlte, wollte, dass sie mich schlafen ließen, diese Mütter des Todes, dass sie mich nicht wachrüttelten mit ihren Zeigern, mit ihren Fragen.

– Nein, antwortete ich, nein.

– He, du.

– He, du.

– He, du.

Sammlung von „He, du“, Kollekte von allen, um mich aufzuwecken, kollektive Sammlung.

– He, du, wir wollen reden.

– Dann lad’ mich ein.

– Na klar.

*

Sie gaben mir meine Lebenskraft zurück und ich redete. Sie hatten mich aus der Totenblässe geweckt, damit wir uns gegenseitig von unseren Missetaten erzählten und miteinander lachten, die Zelle war voller Gelächter und Essensreste, weil wir ans Stockbett gelehnt, die gemeinsame Zimmerdecke betrachtend, sprachen und sie unter den Matratzen die für die Gemeinschaft zurückbehaltenen Lieblingskrümel hervorholten, die Gemeinschaft bestand aus reden, reden, reden, während sie den Tod draußen auf einem Sessel sitzen ließ.

– Die behaupten, dass die Polcura* von mir ist, dass ich das Wasser trübe, damit es für sie ungenießbar ist.

– Die behaupten, dass ich mit dem bisschen überlaufenden Wasser die Abflussgräben ihrer Bauernwirtschaften überschwemmt habe, dass ich ihre Flussumleitungen überflutet habe, damit die Ernte verdirbt und damit die kleine Viehtrift unbegehbar wird und verschwindet.

– Sie haben die ganzen Brunnen trockengelegt.

– Die große Dürre ist entstanden, weil sie die Quellen abgefangen haben.

– Sie haben sich den ganzen Teich einverleibt, sie haben ihn abgezapft.

– Sie haben die Kanäle umgeleitet.

– Nur das Geröll vom Fluss ist übrig geblieben.

– Das Kiesgelände der Quelle.

– Sie haben um die Wasserverteilung geschachert, zu ihrem Vorteil und zu unserem Schaden.

– Sie haben die Muttergräben versiegelt. Dort fließt kein Wasser mehr.

– Die Tränke ist weg.

– Ich habe monatelang Garbenbündel mit Steinen gefüllt, in den Gruppen der Arbeitslosen, der arbeitslosen alleinerziehenden Mütter, die in Gemeindegruppen organisiert sind.

Mein Gelächter steckte sie an, ich musste lachen, denn die

* Polcura: ein bei Santiago de Chile vorkommendes, an Alaunsalzen, Chlornatrium usw. reiches Mineralgemenge, das als Gerbmaterial verwendet wurde.

Ausdrücke, die sie verwendeten, die sie zu verwenden pflegten, waren für mich wenig gebräuchlich, sie hörten sich für mich sonderbar an.

– Sie haben die Flüssigkeit verrohrt, sie haben sie aufgesaugt, sie haben das dünne Rinnsal in einen breiten Strahl gedrängt.

– Damit hätten sie Rohrleitungen, ergiebige Brunnen und überdeckte Kanäle anlegen sollen, aber sie haben das Wasser für immer mitgenommen.

– Sie haben uns in Richtung dieser Talsenke vertrieben, wo die Abfallhaufen ihrer Viertel landen, wo sich das Abwasser von ihren Häusern staut.

– Wir müssen das Wasser von den Abwassern abkochen.

– Wenn die Bergkette Wasser führt, dann gibt es reißende Bäche, dann gibt es breite Ströme, die sich völlig überschlagen, wenn sie durch diesen engen Durchlass in die Fallgrube fließen, in der wir leben.

– Es gibt Schlammlawinen, wenn es lau regnet.

– Es gibt Hochwasser.

– Auch noch der letzte Tropfen kommt hierher.

Die Worte wurden rasch gewechselt zwischen diesen Mauern, hastig entsprangen sie den Mündern, um zu leben und zu überleben, Worte, die ich danach vergaß, denn es ging darum zu leben, zu leben, ohne das Verb *leben*. Sich Wachhalten durch Lachen und Zorn, daraus bestanden unsere Tage und Nächte, das Licht hörten wir auf zu kennen, es beugte sich dem Lachen und dem Zorn, diese zwei gaben das Zeitmaß, unser Zeitmaß vor. Das andere Zeitmaß bestimmten die Praktikanten, die Pfefferkörner, die sie mir zuwarfen, um mich zum Reden über den Pfeffer, über meine Perlen, über ihren Pfeffer zu bringen. Ihr Gummi, ihre Pampe kam aus ihrer eigenen Hölle der irregeleiteten, einsamen Kleinlichkeit, ihr Gummi bestand aus Arbeit, der Arbeit von Bruno für Braulio, der Arbeit von Braulio für die Beamten der Polizei, von Bartolomé für Braulio und von Braulio für Bartolomé, Arbeit, die mit der Pampe und dem Gummi und dem Drahtzieheisen verknüpft war. Armer Bruno, der nicht wusste, dass er den Anfang bildete, ein Auslöser, ein Initial war, wenn wir es doch alle sind, ein Grund, ein Anlass. Und dieses Initial, dieser Anfangsbuchstabe ist wie jeder x-beliebige, schöner als das, was er benennt, und darum schreibe ich hier, ich schreibe in den Buchstaben eine Landschaft, in das eintönige Musical jede Messe, in eine Note die Messe, von einem jeden ein jedes, eines, armer B., der Braulio für Gott hielt, und wer Braulio kennt, was für ein Gott, was für eine Sprachgewalt, Gott allein weiß, was für eine schreckliche Verkettung von Initialen, die begierig nach den Perlen sind, wie soll eine das wissen, eine mit Perlenhalskette, als Bruno träumte, als Bruno von Gott träumte, wie er träumte. Die Polizei hat es nötig, sich zu berauschen, mich in Frieden zu lassen, mich gehen zu lassen, mich gehen zu lassen in die Welt, in der ich lebe. Aber sie fallen wieder über mich her mit der Grundpampe und alles riecht, riecht nach Worten des Eingeständnisses, nach erzwungenen Worten, nach Scharen von Worten. Sie möchten Perlen, aber sie kennen nur Fäden, Wörter, um Sätze zu bilden, Perlen für Ketten für Hälse, um an ihnen zu zerren, um dich festzuhalten. Arme Polizeibeamte. Armes Ich. Wehe mir, bei der alles an einem Faden hängt, bei der sich der zerrüttete Verstand in diese Gerüche auflöst, die nicht berauschen, die mich zerfetzen, die mir den Verstand zertrümmern.

Aber zwischen der Nacht und der Nacht, zwischen dem Tag und dem Tag war die Zeit des Lachens und die Zeit des Zorns.

– He, du.

– He, du.

– He, du.

Vielleicht bin ich von dem Schrecken geheilt und kenne von nun an die Morgendämmerung, das Verlangen nach Morgendämmerung.

*

– Du, hör mal, sie heißen Stoffverteiler.
– Die Wasserverteiler sind Dealer.
– Sie wollen dich abhalten.
– Dich erledigen, es gibt kein Netz, sie sind diejenigen, die die Verlegung von Leitungen fest in der Hand haben.

Ausschnitt aus: „Plasma“, Roman, 2005
© Guadalupe Santa Cruz, 2005
Aus dem Spanischen übersetzt von Elisabeth Schöberl

Guillermo Cabrera Infante

wurde am 22. April 1929 in dem kleinen Ort Gibara auf Kuba geboren. 1941 zieht die Familie nach Havanna, und es beginnt die Liebesgeschichte zu einer Stadt, die den späteren Autor nicht mehr loslassen wird. Trotz anfänglicher großer Armut fasziniert ihn das künstliche Licht auf den Straßen und auf der Kinoleinwand, wo aus der Nacht ein unendlicher Tag wird, an dem die Lichter nie auszugehen scheinen. Hier wird Cabrera Infante schon bald zum Kinokritiker Caín, der unter dem Pseudonym aus den Anfangsbuchstaben seiner Nachnamen regelmäßig „Kinochroniken" veröffentlicht und sich einen Namen macht. Doch schon 1961, zwei Jahre nach der kubanischen Revolution, der Cabrera Infante zunächst sehr positiv gegenübersteht, beginnt mit dem Verbot des Kurzfilms *P. M.* (Regie: Orlando Jiménez Leal und Sabá Cabrera Infante, Guillermos vier Jahre jüngerer Bruder) der lange Abschied von Kuba. Nach einem Protestschreiben gegen die Zensur und nach Fidel Castros berüchtigten „Worten an die Intellektuellen", die in dem Ausspruch gipfeln „Für die Revolution alles, gegen die Revolution nichts", geht Cabrera Infante wie viele seiner Freunde ins lebenslange Exil. Nach einer Interimsphase als Kulturattaché in Brüssel und einer letzten Rückkehr nach Havanna im Jahre 1965 aufgrund von Krankheit und Tod seiner Mutter verlässt er die Insel für immer und lässt sich, nach einem kurzen Aufenthalt in Madrid, mit seiner Familie ab 1966 definitiv in London nieder, wo er den Rest seines Lebens bis zu seinem Tod am 21. Februar 2005 verbringen wird. Neben der Auseinandersetzung mit Kuba und speziell Havanna in vielen Erzählungen (u. a. *Wie im Kriege also auch im Frieden*, 1960), Essays (u. a. *Mea Cuba*, 1992) und Romanen (u. a. *Havanna für einen toten Infanten*, 1979, oder *Die unbeständige Nymphe*, posthum 2008) widmet Cabrera Infante auch seiner zweiten großen Liebe, dem Kino, zahlreiche Essays, Vorträge sowie drei Bücher, von denen das letzte unter dem Titel *Nichts als Kino* (1997, dt. 2001) auch auf Deutsch vorliegt.

Guillermo Cabrera Infante ist einer der wichtigsten lateinamerikanischen Autoren des 20. Jahrhunderts, dessen Schreibweise v. a. den Roman in Sprache und Struktur revolutionierte. Wie seine Romanfigur Bustrófedon aus seinem Hauptwerk *Drei traurige Tiger* ist auch der Autor Sprachmagier, Meister des Sprachwitzes und der Parodie, dessen humorvolle Spielereien den existentiellen Verlust zu umwuchern scheinen, auf dem sie aufruhen: die Vertreibung aus dem Paradies. Zeit seines Lebens litt Cabrera Infante darunter, sein geliebtes Havanna nicht mehr betreten zu können, und sein großer Wunsch, „Kuba ohne Castro" zu erleben, ging nicht in Erfüllung. Seine Texte sind geprägt vom Verlangen, die verlorene Insel zu rekonstruieren, führen aber gleichzeitig immer wieder die Unmöglichkeit vor, Vergangenheit in Sprache zu übersetzen. Somit paaren sich in seinen Erzählungen und Romanen immer wieder der Wunsch nach Repräsentation und die Absage an Mimesis: an den Glauben, Wirklichkeit im Text wiedergeben zu können.

Der folgende Text ist ein Ausschnitt aus dem Roman *Drei traurige Tiger*. Für eine erste Version des 1967 publizierten Buches erhielt der spätere Cervantes-Preis-Empfänger bereits 1964 den Premio Biblioteca Breve.

Drei traurige Tiger ist bei aller Suche nach möglichen Rekonstruktionsformen verlorener Nähe Inbegriff einer radikalen Sprachskepsis, die dem Sprachwitz des Autors zugrundeliegt („In riso veritas"). Charakteristisch für den gesamten Text ist sein Experimentieren mit Klängen,

Formen und Strukturen, die einerseits sehr „kubanisch“ sind (schon im „Hinweis“ heißt es, das Buch sei auf Kubanisch geschrieben und solle den nächtlichen Jargon der Bewohner Havannas einfangen), andererseits an Shakespeare, Sterne und Joyce erinnern. *Tres tristes tigres*, dessen Titel bereits ein Sprachspiel darstellt, den Ausschnitt aus einem bekannten spanischsprachigen Zungenbrecher, ist die immer wieder inhaltlich und sprachlich fragmentierte Geschichte der verhinderten Liebesabenteuer von fünf (!) Freunden, allesamt Künstler und Intellektuelle im vorrevolutionären Havanna, die meist in Form von Ich-Erzählungen Ausschnitte aus ihrem Leben präsentieren. Dazu zählen Szenen wie die jeweilige Ankunft in der kubanischen Hauptstadt (so etwa, wie im folgenden Textauszug, die des angehenden Schauspielers Arsenio Cué), die allabendliche Autoirrfahrt durch ihre Straßen wie v. a. den Malecón, rauschhafte Darstellungen von Alkoholexzessen, Musiksessions, Kneipenabenteuern und den verunglückten Liebesabenteuern der Freunde. Im Zentrum aber steht immer wieder das Abenteuer der Suche nach dem richtigen Wort, das im alchimistischen Sprachlabor viviseziert und auf seine Quintessenz hin analysiert wird. Inkorporation dieser Suche ist Bustrófedon. Seine ewigen Spracharabesken in freien Assoziationen, Anagrammen, Alliterationen, Palindromen und Paronomasien bezeichnen nichts anderes als das unpathetisch inszenierte Ringen um den passenden Ausdruck. Doch auch seine „Schüler“, v. a. Cué und Silvestre, befinden sich in der Sprachschleife auf der Suche nach dem *mot juste*, das sich allerdings immer wieder entzieht und die Suchenden immer weiter treibt. So aber erweist sich die Sprache als ewiges Labyrinth, das den Boden immer unsicherer werden lässt, auf dem sich die Sprecher zunächst noch sicher wähnen, oder auch als Falle, in der sich sowohl die umherirrenden Figuren wie auch der exilierte Autor stets erneut verlieren.

Claudia Hammerschmidt

Guillermo Cabrera Infante

Der Bittsteller*
Romanausschnitt aus: „Drei traurige Tiger“

*Titel vom Herausgeber gewählt

Bevor ich klopfte, schaute ich auf meine Hände: unter jedem Fingernagel hatte ich einen schwarzen Halbmond. Ich ging noch einmal die Treppe hinunter. Schon zum zweitenmal. Beim erstenmal hatte ich gesehen, daß meine Schuhe völlig verdreckt waren, und war hinuntergegangen, um sie auf der Straße sauber zu machen. Was sich dann nicht gerade als die beste Idee erwies. Am linken Schuh löste sich fast der Absatz, und ich mußte versuchen, ihn wieder festzubekommen, indem ich wie ein Geistesgestörter auf dem Bürgersteig herumstampfte. Es gelang mir zwar nicht, den Absatz wieder festzudrücken, wohl aber, die Aufmerksamkeit einer alten Frau zu erregen, die ihren Hund spazierenführte und nun auf der gegenüberliegenden Straßenseite stehenblieb, um mir zuzusehen. „Ich bin die kubanische Antwort auf Fred Astaire“, rief ich ihr zu, aber sie tat so, als hätte sie mich nicht gehört: statt ihrer antwortete mir der Hund, der nicht minder geistesgestört in die ruhige Straße bellte. Jetzt suchte ich unten den Boden ab, bis ich ein Holzsplitterchen fand, und reinigte damit sorgfältig die Fingernägel. Ich ging erneut ganz langsam die Marmorstufen hinauf und betrachtete dabei aufmerksam den gepflegten Garten, bewunderte die blendend weiße Steinfassade. Als ich oben ankam, dachte ich, es wäre vielleicht besser, ein andermal wiederzukommen, aber ich hatte bereits den Türklopfer in der Hand und außerdem, würde ich es überhaupt schaffen, noch einmal zu kommen? Ich hatte ja schon heute fast nicht die Kraft dazu gehabt.

Ich klopfte ein einziges Mal. Ich wollte sachte, ganz vorsichtig klopfen, aber der Klopfer rutschte mir aus der

Hand, und es klang wie ein Schuß: es war ein schwerer bronzener Klotz. Niemand kam. Vielleicht gehe ich besser wieder. Ich klopfte erneut, diesmal zweimal und sachter. Ich glaubte, jemanden kommen zu hören, aber die Tür öffnete sich erst viel später. Ein Kerl in Uniform machte auf.

„Was willst du?" fragte er, als wollte er damit sagen, ich hätte dreimal zuviel geklopft, und in dem vertraulichen *Du* lag zweifellos eher Verachtung als Zuneigung.

Ich begann, in den Taschen nach dem Zettel zu suchen. Ich konnte ihn nicht finden. Ich zog ein Überweisungsformular heraus und die Adresse des Phonetiklehrers und Sprecherziehers Edelmiro Sanjuán und den letzten Brief meiner Mutter, ohne Umschlag und ganz zerknittert. Wo hatte ich nur diesen verdammten Zettel hingesteckt? Der Mann wartete und war allem Anschein nach eher geneigt, mir die Türe vor der Nase zuzuschlagen, als noch etwas Geduld aufzubringen. Ich fand ihn endlich und gab ihn dem Mann, und er nahm ihn mit einer antiseptischen Gebärde entgegen. Er dachte, damit wäre die Sache erledigt. Ich sagte ihm, für wen er war und daß ich auf eine Antwort warten wolle.

„Warten Sie hier", sagte er und schloß die Tür. Ich betrachtete eingehend den Türklopfer. Es war die amputierte Pranke eines Bronzelöwen, der mit langen Bronzekrallen eine Bronzekugel festhielt. Wahrscheinlich war er aus der Bronx importiert. Ich hörte, daß irgendwo Kinder spielten, Namen riefen. Auf einem der Bäume im Park sang schnatternd ein Vogel tiatira tiatira. Es war nicht heiß, obwohl es so aussah, als würde es am Abend noch Regen geben. Die Tür ging wieder auf.

„Sie sollen hereinkommen", sagte der Kerl widerwillig.

Als ich eintrat, nahm ich zuallererst einen köstlichen Essensgeruch wahr. Ich dachte, vielleicht laden sie mich zum Essen ein. Seit mindestens drei Tagen hatte ich nur Milchkaffee zu mir genommen und ab und zu ein Stück in Öl getunktes Brot. Vor mir sah ich einen jungen Mann (als ich eintrat, stand er neben mir, aber ich drehte mich zu ihm um), der müde aussah, wirres Haar und schwermütige Augen hatte. Er war schlampig gekleidet, hatte ein schmutziges Hemd an, und die Krawatte hing auf Halbmast unter dem nicht zugeknöpften, weil knopflosen Kragen. Er hatte eine Rasur nötig, und zu beiden Seiten des Mundes hing schlaff ein ungepflegter Schnurrbart herab. Ich wollte ihm die Hand geben und deutete eine leichte Verbeugung an, und er tat dasselbe. Ich sah, daß er lächelte, und spürte, daß ich selbst auch lächelte: beide begriffen wir gleichzeitig: es war ein Spiegel.

Der Kerl (was war er: Butler, Sekretär, Leibwächter?) wartete immer noch am Ende des Flurs auf mich. Er sah ungeduldig oder vielleicht gelangweilt aus.

„Er sagt, Sie sollen sich setzen", sagte er und zeigte auf eine Tür, die sich links als einziger Fluchtweg aus der Dunkelheit des Empfangszimmers öffnete, wo ich Vasen mit künstlichen Blumen, Polstersessel, einen Tisch mit Zeitschriften erahnte. Die offene Tür wies in das einladende Licht eines zweiten Raums. (Vom dunklen Empfangszimmer aus hatte ich den Eindruck, er sei hell erleuchtet.) Ich ging hinein und sah, daß das Licht durch die Fenster hereinfiel: zwei große, weit offen stehende Erkerfenster. Es gab da ein kompliziert geflochtenes Korbsofa und einen Lehnsessel aus braunem Leder und einen Wiener Schaukelstuhl und auch einen Sekretär mit Edelholzintarsien und ein Spinett, glaube ich, oder ein barockes Klavier. An den Wänden hingen Bilder in wuchtigen Rahmen. Was sie darstellten oder welche Farbe sie hatten, konnte ich nicht sehen, weil das grelle Licht auf dem Firnis glänzte und sie verschleierte. Es standen, glaube ich, noch weiter Möbel im Raum, und bevor ich mit dem eindeutigen Gefühl, bei einem Antiquitätenhändler zu sein, Platz nahm, geschahen drei Dinge gleichzeitig oder sehr kurz hintereinander. Ich hörte ein schrilles, vibrierendes Geräusch und danach ein schallendes Händeklatschen, ich hörte einen Schuß und sah, wie eine Hand und ein uniformierter Arm die Tür zuzogen.

Ich setzte mich und dachte, draußen klopfe jemand, und als ich es mir bequem gemacht hatte (ich merkte, daß ich wirklich erschöpft war, fast bis zur Übelkeit), sah ich das Engelchen. Es war eine Statue aus Baccarat oder Biskuit oder unglasiertem Porzellan auf einem Sockel aus demselben Material – oder aus Gips. Es war ein kräftiger Engel, mit einem schräg am Hinterkopf sitzenden Heiligenschein. In einer Hand hielt er ein offenes Buch, und sein linker Fuß ruhte auf einem Felsbrocken und der rechte auf der Grundfläche, die den Erdboden darstellen sollte, und die andere Hand reckte er zum Himmel. Vor allem galt meine Aufmerksamkeit dem nougatfarbenen Büchlein (das Figürchen war bemalt), denn es sah wie Marzipan, fast eßbar aus. Ich bekam solchen Hunger (zum Frühstück hatte ich nur einen schwarzen Kaffee an der Ecke getrunken), daß ich das Büchlein gegessen hätte, wenn es mir der Engel angeboten hätte. Ich beschloß, es zu vergessen.

Ich hätte es auch vergessen, ohne es eigens zu beschließen, denn die Tür ging auf, und es erschien ein Mädchen, eine sehr junge Frau, die mich ohne jede Verwunderung ansah. Sie war von Kopf bis Fuß naß, triefnaß: von ihren schwarzen Haaren, die am Kopf und im Gesicht klebten, rann das Wasser über Arme und Beine herab. Sie hatte hochstehende, breite Backenknochen, ein eckiges, gespaltenes Kinn, einen breiten, vollen Mund, eine flache Nase mit hohem Steg und große, schwarze Augen mit noch schwärzeren Wimpern und Brauen. Sie wäre schön gewesen, hätte sie nicht diese zu hohe, zu gewölbte, zu männliche Stirn gehabt. Sie streckte die Zunge heraus, um das Wasser zu schlürfen, oder vielleicht auch, weil sie sich angestrengt bemühte, das Oberteil ihres gelben Bikinis zuzuknüpfen. Als ihr einer der Träger entglitt, hielt sie den BH mit der rechten Achselhöhle fest und ließ die linke Hand hinter dem Rücken. Sie war mittelgroß und hatte kräftige, vorne gewölbte Schenkel. Sie war braungebrannt, hatte allerdings wohl auch nie eine ganz weiße Haut gehabt. Sie schaute mich erneut an, das Kinn auf der Brust, als hielte sie mit dem Unterkiefer ein imaginäres entgleitendes Handtuch fest.

„Haste Gabriel gesehn?" fragte sie mich und sah wohl mein Erstaunen, denn sie wartete gar nicht erst auf eine Antwort, sondern machte kehrt und ging wieder hinaus, ohne die Tür hinter sich zuzumachen. Ich sah, daß sie das Oberteil des Badeanzugs schließlich ganz auszog. Über ihren langen, braungebrannten, glänzenden Rücken zog sich eine tiefe Furche bis in den Slip. Ich stand auf und schloß die Tür. Bevor ich sie schloß, hörte ich wieder ein Klopfen, wieder einen Schuß.

Ich hatte mich noch nicht wieder gesetzt, als erneut die Tür aufging. Ich dachte fast schon, noch ein unerwarteter Besucher, aber nein, ich dachte es dann doch nicht: es war er. Er hatte meinen Zettel in der Hand. Er sah mich an oder versuchte, mich anzusehen, denn ich stand zwischen ihm und den offenen Fenstern. Er begrüßte mich nicht, sondern hielt den Zettel in seiner Hand hoch.

„Da-das ist vo-von Ihnen." Es war keine Feststellung und auch keine Frage, doch befremdlich waren für mich weder sein unschlüssiger Tonfall noch das Stottern (unerwartet: ich hatte eine andere, vielleicht herrischere oder männlichere Stimme erwartet: es wurden so viele Geschichten über ihn erzählt, und sie alle hörten sich wie Legenden oder Lügenmärchen an), noch daß er auf mich zuging und dabei den Zettel wie einen forschenden Zeigefinger in die Höhe hielt, noch daß er mich nicht duzte (wie es bisher alle in diesem Haus getan hatten), noch daß er sich so flegelhaft benahm: was mich erstarren ließ, war die lange schwarze Pistole, die er in der linken Hand hielt. Er kam auf mich zu, und ich wollte ihm die Hand entgegenstrecken, um seine zu schütteln, aber welche? Er ging an mir vorbei zum Fenster und schloß es: er sperrte damit die Stimmen der Kinder, den schnatternden Gesang des Vogels und das Licht aus: den Nachmittag. Dann nahm er mir gegenüber Platz. Er merkte, daß ich ihn nicht ansah, daß mich die Waffe in seiner Hand faszinierte.

„Scheibenschießen", sagte er ohne weitere Erklärung. Er war nicht jung, aber auch nicht alt: er war gealtert. Ich hatte ihn noch nie persönlich gesehen: nur ab und an per Zufall im Fernsehen, wenn er einen Hotdog nach dem anderen aß, als Werbung für eine Würstchenmarke. Das war lange her, und jetzt war er eine Berühmtheit, ein Magnat, ein Politiker. Die Hotdogs hatte er wohl tatsächlich gegessen, denn er war fett, ungebührlich fett. Er hatte einen weißen Pullover und hellblaue Shorts und modische dunkelblaue Leinenschuhe an. Er trug eine Brille und einen struppigen Schnurrbart (den die Zeitungen als „englisch" beschrieben), und sein Haar war krauser und heller als im Fernsehen. Er ähnelte Groucho Marx, aber der negroide Einschlag war unverkennbar. „Ein Roter", hatte mir jemand gesagt, „ein rothaariger Mulatte." Seine Augen waren klein und kleinlich, und auch verschlagen.

„Du bist also Marias Sohn", sagte er jetzt, ohne damit etwas festzustellen.

„Das wird allgemein behauptet", sagte ich lächelnd. Er lächelte nicht zurück.

„Du willst etwas."

„Ja", sagte ich. „Ich wollte Sie um Rat fragen."

„Wie?" Es war seine erste Frage. Als ich antworten wollte, entsprudelte meinem Mund ein Schwall Musik: entfesselt, rhythmisch, erbarmungslos. Es war ein Rock'n Roll, der irgendwo im Haus ertönte, vielleicht sogar unter meinem Sessel. Er brauchte die Schallquelle nicht erst ausfindig zu machen: er wußte Bescheid. Er sprang auf und stürzte zur Tür. Er öffnete sie mit der rechten Hand (ich fragte mich, wo er wohl den Zettel gelassen hatte) und schrie, mit der Pistole in der anderen Hand herumfuchtelnd, brüllte gegen die Musik an, die durch die Tür hereinkam und die Luft im hinteren Teil des Zimmers komprimierte:

„Maga!"

Der barbarische Rhythmus der Musik wogte unvermindert weiter.

„Maga!"

Zwischen den elektrischen Gitarren, den brünstigen Saxophonen und dem Geheul eines ins Spanische übersetzten Elvis Presley glaubte ich, eine menschliche Stimme zu vernehmen.

„Magalena, verDAMMich!"

Die Musik wurde leiser und war nur noch diskreter Hintergrund für jene sanfte, unschuldige Stimme.

„Was ist denn, Pipo?"

Als sie Pipo sagte, wußte ich, daß er nicht ihr Vater war.

„Dieser Krach?", sagte er.

„Was für'n Krach?", sagte sie.

„Die Musik."

„Was ist denn mit der Musik? Gefällt sie dir nicht?"

„Doch, Schätzchen, aber nicht so laut, *plies*."

„Is ja schon ganz leis", sagte sie, immer noch eine Stimme irgendwo im Haus.

„Gut", sagte er und schloß die Tür.

Er setzte sich wieder und sah mich wieder an. Ich bemerkte, daß sein Blick jetzt irgendwie sonderbar war. Nicht sonderbar, eher gereizt. Ich versuchte, ihm den Punkt in Erinnerung zu bringen, an dem der musikalische Diskurs meine biographische Notiz abgelöst hatte.

„Also: ich brauche einen Rat."

„Aber was für einen denn", sagte er, und seine Stimme war wieder erloschen, stumpf.

„Ich weiß nicht. Ich weiß wirklich nicht, was ich mit meinem Leben anfangen soll. Ich konnte es zu Hause, in diesem Nest, nicht mehr aushalten. Da hat man doch keine Zukunft."

„Und was willst du machen."

„Das wüßte ich ja gerade gern. Ich dachte, Sie könnten mir vielleicht helfen. Ich würde gern studieren."

Er dachte nicht lange nach.

„Wo. Schulen gibt es überall. Was willst du studieren."

„Theater."

„Du und Schauspieler?"

„Nein, ich möchte schreiben fürs Theater, fürs Tiewie."

Tiewie sagte ich. Am Pendel der Hoffnung baumelte ich zwischen Hunger und Lächerlichkeit.

„Aber du weißt doch, was das für ein Leben ist. Das ist alles so verkommen. Das ist nichts für einen jungen vom Land wie dich."

„Glauben Sie das nicht, ich hab schon einiges von der Welt gesehen. Ich hab auch schon was geschrieben."

Ich hätte ihm sagen sollen, daß ich die Welt zwischen meinem Dorf und Havanna gesehen hatte, daß mein Schwung gerade bis hierher gereicht hatte, daß ich ein Buch mit Sonetten und ein paar Erzählungen geschrieben hatte. Aber ich sagte es ihm nicht: mein Hunger: ich hatte ihn bis zu diesem Augenblick gut ausgehalten, hatte ihn fast vergessen in der Mittagshitze die in dem geschlossenen Raum immer drückender wurde. Ich sah erneut den Engel an, und das Hungergefühl wurde stärker. Wäre das Marzipanbuch doch nur wirklich eßbar, wären seine Blätter doch nur Blätterteig. Ich schaute dem Engel ins Gesicht. Er schien mir sein offenes Buch entgegenzustrecken. Dann schaute ich *ihn* an und glaubte ein Lächeln zu bemerken. Verleiht Hunger einen Hauch von Heiligkeit?

„A-ach j-ja", sagte er, und es überraschte mich, daß er über zwei Wörter stolperte. Er hatte sich die ganze Zeit mit mir unterhalten, ohne zu stottern. Mir fiel auf, daß er mich duzte, nicht weil er erst jetzt damit begonnen hätte, sondern weil sich der Ton seiner Stimme verändert hatte.

„Ja. Haben Sie nicht gesehen, was auf dem Zettel stand? Es waren Verse."

In Wirklichkeit hatte er weder etwas gesehen noch gehört.

„Wie findest du sie?" fragte er mich mit einer Frage.

„Was?" Ich hatte den vagen Gedanken, er könnte vielleicht die Verse meinen.

Er lächelte zum erstenmal.

„Sie."

„Wen?"
„Magalena."
Er meinte also das Mädchen: die, die oben Rock'n Rolls detonieren ließ, war dieselbe, die im Schwimmbecken im Hof gebadet und irgendeinen Gabriel gesucht hatte, vermutlich den Kerl in Uniform. Ich war nahe daran, ihn zu fragen, ob sie seine Tochter sei, nur aus Neugier, um zu sehen, was er sagen würde.
Er ließ mir keine Zeit dazu.
„Sieht doch gut aus, oder."
Ich wußte nicht, was ich sagen sollte, und sagte deshalb das Einfachste.
„Ja, natürlich."
„Gefällt sie dir?"
„Sie? Mir?"
Wer, wenn nicht sie, und wem denn sonst? Aber irgendetwas mußte ich ja sagen. Und ich muß leider gestehen, genau das sagte ich.
„Natürlich dir. Daß sie mir gut gefällt, ist doch klar."
„Ich weiß nicht recht. Ich hab sie nicht richtig gesehen, eigentlich fast gar nicht."
„Aber sie war doch hier und hat mit dir geredet."
„Nein, sie hat die Tür aufgemacht, nach einem gewissen Gabriel gefragt und ist wieder gegangen, ohne die Tür hinter sich zuzumachen." Und ich fügte etwas hinzu, das eigentlich zum Totlachen war (immer noch besser als der Hungertod):
„Sie war tropfnaß", aber er nahm es ernst:
„Ja, und sie hat im Wohnzimmer und auf der Treppe und oben überall Pfützen hinterlassen."
Er schien sich in eine hydraulische Meditation zu versenken, kam aber dann wieder auf das vorherige Thema zurück.
„Also, gefällt sie dir oder gefällt sie dir nicht?"
„Ja, schon", sagte ich schüchtern. Ich bin vom Land.
Er stand auf. Irgendetwas störte ihn.
„Na gut, kommen wir zum Schluß. Was wi-willst du also."

„Ich brauche jemand, der mir beisteht“, sagte ich ziemlich dramatisch. „Ich weiß nicht mehr weiter. Zuhause, im Dorf, kann ich einfach nicht mehr leben, und hier hab ich kein Geld. Ich hab seit Tagen nur Milchkaffee zu mir genommen. Wenn mir keiner hilft, dann bleibt mir nur noch der Selbstmord. Zurück geh ich auf keinen Fall.“

„Du heißt Antonio.“

Ich dachte, es sei eine Frage.

„Nein, Arsenio.“

„Nein, ich meine, daß dein wirklicher Name Antonius ist, daß du der Heilige Antonius bist.“

„Ich versteh nicht. Warum?“

„Du wirst gleich verstehen. Du brauchst also Beistand.“

„Ja“, sagte ich.

„Gut, du sollst ihn haben“, sagte er, hob die Pistole und zielte auf mich. Er war keine zwei Meter von mir entfernt. Er drückte ab. Ich spürte einen Schlag gegen die Brust und einen Stoß an der Schulter und einen brutalen Tritt in der Magengrube. Dann hörte ich die drei Schüsse, die klangen, als klopfe jemand an die Tür. Mein Körper wurde ganz schlaff und fiel vornüber, ich sah nichts mehr, mein Kopf schlug hart auf den Rand eines Brunnens, der sich im Boden öffnete, und ich fiel hinein:

S. 55 – 65 aus: Guillermo Cabrera Infante, Drei traurige Tiger. Roman
Originaltitel: „Tres tristes tigres“
Aus dem kubanischen Spanisch von Wilfried Böhringer
© der deutschen Ausgabe Suhrkamp Verlag, Frankfurt am Main, 1987

Matthias Politycki

wurde 1955 in Karlsruhe geboren und lebt als freier Autor in Hamburg und München. Er schreibt Romane, Erzählungen, Essays und Lyrik, zuletzt *In 180 Tagen um die Welt. Das Logbuch des Herrn Johann Gottlieb Fichtl* (Roman, 2008) und *Die Sekunden danach* (Gedichte, 2009). Sämtliche Werke, Pressestimmen, Auszeichnungen, Lesungstermine usw. sind online auf seiner Website einzusehen:
www.matthias-politycki.de

Der folgende Text war ursprünglich als zweites Kapitel seines Kuba-Romans *Herr der Hörner* (Hoffmann und Campe, 2005) vorgesehen, wurde dann aber vor dessen Publikation gestrichen und separat veröffentlicht. Die Hauptfigur, Broder Broschkus, macht sich darin auf, eine kubanische Mulata mit Fleck im Auge zu suchen, von der er am Ende eines Pauschalurlaubs nur drei beschriftete Zehnpesoscheine nach Hause brachte. Dass ihn seine Reise in die blutigen Rituale des afro-kubanischen Palo Monte führen wird, ahnt er am letzten Tag seiner hanseatischen Privatbankiersexistenz natürlich noch nicht.

Matthias Politycki

Das letzte Lächeln des Herrn Broder Broschkus

Nie wieder gratinierter Walfischhoden auf Trüffelpüree, nie wieder beheizbare Außenspiegel, nie wieder Deutschland!

Aus dem Haus ging Broschkus zur gewohnten Zeit, schickte von der Straße sein Lächeln zurück, in der Aktenmappe nichts als ein Spanischlexikon, ein Dollarbündel, ein Jugendphoto seiner kürzlich verstorbnen Mutter. Bis zum Abflug hatte er fast noch acht Stunden Zeit, einen Koffer voller Dinge zusammenzukaufen, im Vorbeigehen warf er das Handy in eine Mülltonne, erfreute sich an seinem Stecktuch, den Manschettenknöpfen und dem riesig ausgeleuchteten Himmel. Wie weit die Welt an solch stilvoll ausstaffierten Tagen selbst in Harvestehude scheinen konnte!

Als er, der Macht der Gewohnheit ein letztes Mal sich hingebend, am Jungfernstieg dem U-Bahn-Schacht entstieg, vorbei schon am Gesundheitshändler, den er in seinem früheren Leben Salatblätter für die Mittagspause hatte zusammenraffen lassen, und Schritt für Schritt weiter, dem unerhörten Ereignis entgegen, beschloß er, sich etwas zu gönnen: den Spaziergang zu gönnen, den er sich siebzehn Jahre lang verkniffen hatte, sobald der Blick, vom Bildschirm befreit, erst in die üppig weißen Seidenrosen fiel auf der Fensterbank, dann auf die Baumkronen draußen am Ballindamm und dann, in selten verlornen Momenten, auf die grauen Wasser dahinter, auf die geräuschlos gleitenden Schiffe der weißen Flotte und, vor allem, die riesige Fontäne, die aus all dem empor und in den Himmel schoß: Diesen Spaziergang, einmal um die Binnenalster herum, jetzt würde er ihn machen, als letzte Bestätigung seines längst in aller Heimlichkeit bereiteten Abschieds. Während ihm papierfarbene Frauen in Kostümen entgegenwogten und Sockenträger in Sandalen, lachend.

Nie wieder Männer, die jedem die Schulter klatschten, wenn sie einen Witz erzählt hatten, nie wieder Frauen in flachen Schuhen, die das mit Selbstbewußtsein verwechselten, nie wieder! Zeit war's, höchste Zeit.

Und da strich er auch schon am „Friesenkeller" vorbei, wo den Kleinkundenkönigen (50.000 Euro Einlage, lachhaft!) von der SPARDA die Weltwirtschaftslage verkündet wurde, fast wäre er über einen Penner gestolpert, der mit Pappschild mitten im Fußgängerstrom saß, strich vorbei an den Schaufenstern des Schmuckhändlers, dem er vor fast fünfzehn Jahren Verlobungsringe abgekauft hatte, aus einer Laune heraus, gewiß, da war er noch Sachbearbeiter mit kleiner Handlungsvollmacht gewesen, aber wenige Schritte später, endlich hatte man ihn zum stellvertretenden Abteilungsdirektor ernannt, da stand er vor den Fenstern des nächsten Juweliers, oh, dort war damals ein Paar unpassend teurer Hochzeitsringe zu sehen gewesen. Noch hinterm Alsterhaus durfte er ganz unverhohlen lächeln, einem Akkordeonspieler warf er einen Euro zu, aus der Querstraße leuchtete die Turmspitze des Michels, aus der Passage vom Hamburger Hof drangen die gleichmäßig desinteressierten Herumtapsereien eines Jazzpianisten.

Schon wieder ein Juwelier. Und
noch einer, meine Güte. Welch eine Fülle an Frauen, mit und ohne Einkaufstüte, blond bis ins Knochenmark. Mit einem letzten Blick Richtung Gänsemarkt lächelte sich Broschkus in den Neuen Jungfernstieg hinein, in weitem Bogen um den Alsterpavillon herum, wo er bis vor kurzem Tortenstücke vertilgt hatte, vorzugsweise mit mißtrauischen Witwen, die alles besser wußten. Im Gegensatz zu seinen jüngeren Kollegen verfügte er just über jenen Grad an Korpulenz, der von seinen Kunden als seriös empfunden wurde, da hatte er noch von „baldiger konjunktureller Erholung" schwärmen dürfen,

wo andre längst zur Flucht ins Festverzinsliche drängten, und auch hausintern hatte er noch eine ganze Weile davon gelebt, daß er (und seine nach außen sehr konservativ sich gebende Transaktionspolitik) ein Leben lang unterschätzt wurde. Wahrscheinlich weil er sich aus dem Tagesgeschäft hochgedient hatte, ein fleißiger Praktiker ohne Hang zum Visionären, vielleicht auch weil er sich selbst als Leiter der Wertpapierabteilung nicht zu schade war, die Assistenten seiner Kunden zum Essen einzuladen und ihren Sekretärinnen Geburtstagssträuße vorbeizubringen. Zugegeben, noch nach der Jahrtausendwende hatte Broschkus nicht schlecht gelebt, zwischen englischen Spanntapeten, auf denen man zur Jagd blies, einem stummgeschalteten ntv-Programm mit den durchlaufenden Notierungen, der Reuters-Homepage und einem verschachtelten Excel-Dateiensystem – bis dieser Crash auf Raten begann, dieser über Jahre sich hinziehende Untergang der gesamten IT-Branche und schließlich auch der Old Economy, sogar in diesem Jahr noch hatte er sich fortgesetzt, ein historischer Tiefststand nach dem andern, Weltenende. Wenn man's freilich ganz genau bedachte, so war Broschkus' eigner Untergang schon eine Weile zuvor eingeläutet worden, auf dem Höhepunkt der Hausse Ende der Neunziger, als er sich hatte überreden lassen, in großem Stil beim Neuen Markt zuzugreifen, bei fernöstlichen Internetwerten, bei russischen Ölfirmen und … bei weiteren Verbrecherpapieren, wie er jedem erklärte, der's nicht hören wollte, zu einer Zeit der zweistelligen Renditeerwartung, da er seine Kunden gern zum Champagnertrinken auf einer Segelyacht oder beim Hamburger Derby eingeladen, nicht zum Schaden von Hase & Hase.

Ein letzter Blick dann gleich wieder nach links,
in die schräg abzweigende Häuserflucht der Colonnaden, an deren anderem Ende er seit einem knappen Vierteljahr Spanisch gelernt hatte, Kurs auf Kurs und den Rest der Zeit in umliegenden Cafés, Hausaufgaben verfertigend,

Vokabellisten. Während Kristina geglaubt hatte, er ginge ins Büro wie eh und je, schlüge sich mit seinen beständig ins Bodenlose fallenden Verbrecherpapieren herum und ebenso beständig lockenden Gewinnen bei Leerverkäufen, denen er Anfang vorigen Jahres in seiner Not nachzujagen begonnen, verstärkt schließlich dann auch mit Turbo-Zertifikaten zwecks Abwärtsspekulation auf diverse Indices: zum Wohle seiner Kunden, wohlgemerkt, zum Wohle nicht zuletzt auch der Hase & Hase KG.

Gut, daß er Kristina vor Jahren schon überzeugt,
während der Bürozeiten gar nicht erst zu versuchen, ihn anzurufen, sehr gut. Über den Jahreswechsel war er gerade noch mit seinem Lieblingstrick gekommen, Spekulationsverluste realisierend, ab dem 7. Januar aber bereits, dem Tag nach seiner Rückkehr ins Tagesgeschäft, dieselben Papiere sanft zurückkaufend – so daß er den Anlegern das Gefühl geben konnte, ihre Verluste seien im Grunde nur halb so schlimm, schließlich beteilige sich der Fiskus daran. Wobei die Vision auf zukünftigen Gewinn ja gewahrt blieb; dann aber, Anfang März, mußte er sich vom Niederlassungsleiter in gedämpftem Tonfall belehren lassen, man habe soeben mit dem Regionalbereichsleiter Nord gesprochen. Jahrelang habe man Broschkus ja sehr gefördert, und es schmerze nicht wenig, daß man nun seinen Lieblingsprokuristen – der Niederlassungsleiter sagte seit je „mein Lieblingsprokurist" – so herb abstrafen müsse, doch der neue Partner in Frankfurt fürs Privatkundengeschäft gebe nun mal seine Prinzipien vor. Ja, abstrafen müsse, das habe Broschkus richtig gehört: Ausgerechnet seine ältesten Stammkunden hätten sich zusammengetan, anscheinend schon seit dem vorjährigen Hase & Hase-Golfturnier, und nun mit einer Klage gedroht, einer Klage auf Schadenersatz. Über zweieinhalb Millionen hätten sie insgesamt verloren aufgrund höchst spekulativer, ja dubioser Engagements, wie sie sich ausdrückten: Warum ein erfahrner Mann wie

Broschkus sie nicht wenigstens davor gewarnt hätte, wenn er die Research-Vorgaben schon so eigenmächtig hinterging? Ausgerechnet Broschkus, der bei den Frankfurtern – der Niederlassungsleiter sagte seit je „die Frankfurter" – stets als konservativ, fast als ein wenig zu konservativ gegolten habe, zu vorsichtig, zu unaggressiv? Aber ehe der auf seine Telephonmitschriften verweisen konnte, wurde bereits genickt, jaja, es sei eine loyalitätsarme Zeit, schlechte Performance rechtfertige jede Art von Vertrauensbruch, trotzdem müsse man die Vorgänge natürlich an die Revision geben. Schließlich habe Broschkus nicht nur hausinterne Auflagen … und zwar systematisch … seit annähernd einem vollen … mißachtet, sondern auch … Ob er anstelle der Abmahnung nicht eine Abfindung vorzöge?

Dabei hab' ich doch alles richtig gemacht!
schwieg Broschkus. Spätestens zum Verfallstermin am Monatsende, wenn seine Maßnahmen endlich griffen, jede Wette, würde man sich wieder einmal kistenweise mit Bordeaux bei ihm bedanken! Und erst recht, zugegeben, wenn er letzthin, bei der Order auf chinesische Optionsscheine, nicht „unlimitiert" gesagt hätte, „ein Mal im Leben unlimitiert agieren, verstehen Sie?" Was konnten seine Gesprächspartner, was konnte der Niederlassungsleiter, was konnte die Zentrale in Frankfurt denn wissen von all den honigbraunen Gedanken, die ihm seit seiner Rückkehr aus Kuba zwischen die Kalkulationen fuhren und vor die Hochrechnungen, was konnten sie auch nur ahnen davon, daß er in solchen Momenten des Erschauerns die vorbeiflimmernden Zahlenkolonnen nicht mal mehr ordentlich zu entziffern wußte, geschweige zu interpretieren, weil seine Welt gerade von einem grünen Leuchten überstrahlt wurde, von abgründig grünem Leuchten mit einem schmalen braunen Strich darin, einem Sprung oder eigentlich Fleck? Daß er dann, anstatt den Schwankungen hinterm Komma ihre Geheimbotschaften zu entreißen, daß er dann aufpassen mußte, von diesem

Sprung in der Welt, von diesem Abgrund nicht verschlungen zu werden und schnell nach verschwitzten Zehnpesoscheinen greifen oder seltsam vergebliche Ferngespräche tätigen oder von gefleckten Leibern träumen mußte, vom GANZ ANDEREN, wenn er einmal deutlich werden durfte: Herr Doktor Broder Broschkus, der siebzehn Jahre lang nur für seine Stammkunden gelebt hatte, immer öfter war ihm der Blick über die Seidenblumen gerutscht und durch die Baumkronen aufs Wasser, zu oft, um in diesen unruhigen Zeiten Fehler zu vermeiden, Fehlentscheidungen, entscheidende Fehlentscheidungen.

Der Rest war Selbstabwicklung gewesen und eine Angelegenheit von Monaten. Wer weiß, ohne die Verschwörung seiner Hauptklienten hätte er den Absprung vielleicht gar nicht geschafft, als bloßer Aussteiger wäre er sich seit je unglaubwürdig vorgekommen, nein, dazu verlief sein Leben hier viel zu angenehm geordnet und viel zu angenehm unaufgeregt. Nun aber war's plötzlich wieder ernst und heftig geworden, das Leben, nun aber galt es, den Entschluß, den er bereits auf dem Rückflug von Santiago gefällt und dann Tag für Tag verschoben, revidiert, verworfen und erneut gefaßt hatte, Nacht für Nacht, nun galt es, den Entschluß auch endlich umzusetzen. In aller Konsequenz. Und ohne falsche Sentimentalitäten, wie er's von seinen Kollegen aus der Kreditabteilung kannte, wenn sie mal wieder eine Firma liquidierten. Wobei er weiterhin jeden Morgen das Haus so pünktlich verließ, daß Kristina keinen Verdacht schöpfen konnte.

Nie wieder ungedeckte Calls,
nie wieder Exotenpapiere, nie wieder Window-Dressing zum Jahresende! Nie wieder Trennkost, Vollkasko, Frühwarnsysteme!

Ach,
Kristina. Hoffentlich hatte sie ihn wenigstens die letzten Jahre betrogen, nach dem Ende der Gesprächsversuche.

Anstatt bloß klaglos zu verblühen in all ihrer Broschen- und Perlenketten-Perfektion, immer schmaler war sie im Lauf der Jahre geworden, immer durchsichtiger – ein bißchen weniger Geigenspiel hätte ihr gewiß gutgetan. Aber nein, noch im Nachtgewand verbreitete sie diese hermetisch inszenierte Geschlechtslosigkeit, und erst im Schlaf, wenn sie die Kontrolle über ihre Gesichtszüge verloren, zerfloß all ihre kühl abweisende Eleganz in etwas, das er einmal sehr geliebt hatte: Schon lang hatte Broschkus verzagt an ihr und jeden Versuch, sie zu berühren, eingestellt – schon lang wäre er reif gewesen und nun war er's wirklich, reif für die Obsession.

Wie grün die Hapag Lloyd-Dächer herüberschimmerten von der andern Alsterseite, im Gegenlicht das Wasser ein blendender Glanz, weiß stäubte die Fontäne, auf den Dachfirsten stramm standen die Fahnen im Wind. Fast hätte er das Fenster seiner Lieblingssekretärin dort drüben erkennen können, einen Stock indes zu niedrig lag es, abgeschirmt von Baumkronen. Schräg darunter, vertäut seit Jahr und Tag und deutlich zu sehen: war das kleine Caféschiff, in dem er's nie geschafft hatte, eine Pause einzulegen. Weiter!

Vorbei an klassischer Mode,
an Antiquitäten, an den locker besetzten Tischchen des „Condi", wo bereits die Porsches parkten, dazwischen ein Rolls-Royce, ein Jaguar, sämtlich in Schwarz, vor dem Haupteingang des „Vier Jahreszeiten" schubste ihm ein entgegenrollernder Skateboarder fast das Lächeln aus dem Gesicht, fast: Wie sie damals vorgefahren waren, in einem verrosteten Renault, direkt vom Standesamt, direkt hierher an den Rand des roten Teppichs, und wie Kristina dann dem Portier die Wagenschlüssel überreicht und der noch nicht mal mit der Livree gezuckt hatte – ja, das war's gewesen, damals, und der Rest des Tages ein einziges Kuchenessen und Cocktailtrinken und Hinausblicken aufs Wasser, bis die Lichter rundum aufflammten, die Neonkonturen des Alsterhauses, die schummernden Fensterlampen des

Alsterpavillons, bis sie schließlich ganz von innen heraus strahlte, die Stadt und die Nacht und die Welt, damals.

Jajajaja,
noch immer konnte sich Broschkus daran berauschen, doch nicht mehr aus voller Seele. Etwas Braunes war ihm vor all die honorigen Herrlichkeiten geraten und machte sie fad und flau, etwas Honigbraunes, etwas höchst Biegsames, das nach Fleisch roch und einen Fleck hatte im Auge, etwas, das … nicht mal einen Namen hatte.

Erst als die wohlvertraute Fassade des Übersee-Clubs vor Broschkus auftauchte, wo er mehrfach die Woche mit seinen Kunden (ab fünf Millionen aufwärts) zu Mittag gegessen, fand sein Schritt wieder fest geradeaus, unter den Bäumen rollten Zeitungsseiten, dahinter knallten für ihn schon die Fahnen, und von dort hatte man dann diesen Blick: Oh, das war schön, gewiß das Schönste, was man von einer deutschen Großstadt erwarten durfte. Unten am Ufer schwärmte Broschkus nun dahin, graphitgraue Enten auf den Wellen, weiß die Schipperboote linksrechts der Fontäne, von hier aus hatte man das gesamte Prachtareal aus Wasser und steingewordner Macht vor sich entfaltet, ein helles Leuchten heute, darüber die Grünspandächer mit ihren Reederei- und Hamburg- und Deutschlandflaggen, verstreut ein paar Kirchturmspitzen, und dann den riesigen Himmel, ja, den vor allem mit seinen schnell treibenden Wolken. Davon würde man demnächst nur träumen können, welch ein gewaltig weißes Wolkentreiben, welch eine Luft, und trotzdem:

Nie wieder Risikobegrenzung,
Rückversicherung, Renditeberechnung – oh, es wurde Zeit. Nie wieder Ersatzkrawatte im Büro, nie wieder Ersatzgeliebte im Hotel, nie wieder Ersatzbefriedigung beim Downloaden, nie wieder!

Dort, wo die Bootsdurchfahrt zur Außenalster war, stieg Broschkus hinauf zur Lombardsbrücke, gerade fuhr eine

S-Bahn Richtung Altona und erzeugte wunderbar unaufgeregt ein Klackern, schon stand er an der Einmündung des Ballindamms, blickte aufs weißgewürfelte Museum der Gegenwart, hinter dem die Kuppel der Kunsthalle aufschimmerte, und dann stand er nicht mehr, sondern bog entschlossen ab. Bog in die Straße, die er siebzehn Jahre lang entlanggelaufen, stets in Sorge, die Kurse würden fallen, wenn er sich zu lang vor einem der Schaufenster aufhielte, würden steigen, wenn er gar einen Braunen im „Café Wien" einnähme, wie's absurderweise hieß, das Caféschiff. Welch eine Fülle an Herren in gedeckten Tönen, mit und ohne Aktenmappe, den Krawattenknoten zum Teil schon fest mit dem Adamsapfel verwachsen, und zwischen Krohns Einrichtungsgeschäft und den „Classic luxuries" von Goodmann Grant tauchte er dann, sehr dezent, tauchte auf, der leicht zurückgesetzte Eingang von Hase & Hase, und – Broschkus blieb nicht einmal stehen.

Nie wieder vornehm und
von oben herab, nie wieder Ton in Ton, nie wieder indigniert und schweigend – es war Zeit, höchste Zeit.

Vorbei an „Ciu's" Bar, in dessen klobiger Gehsteigbestuhlung er bunte Flüssigkeiten für seine Lieblingskunden geordert hatte, vorbei an einem Souterraingeschäft mit Porzellanputten, ein japanischer Zierfischhund mit Segelohren stand für 1671 Euro in der Auslage, vorbei. Denn von vorne leuchtete jetzt das Rathaus mit seinem riesigen Turm, ja, das strahlte etwas aus, das war etwas, durchaus; von vorne aber leuchtete vor allem, zwischen den Bäumen, die Anlegestelle des „Café Wien", beschwingt lächelte sich Broschkus über die Straße. Und tat endlich das, was er nie getan: lächelte lächelte lächelte sich übern Steg, gleich würde er die Tür mit seinem bloßen Lächeln aufdrücken, gleich würde er sich einen Braunen bestellen, einen kleinen Braunen, und während Kristina ahnungslos in ihrer homöopathischen Praxis Hundekrankheiten kurierte, würde er sich von all dem

Aufgebot an Schönheit nicht länger täuschen lassen: Was es an Glaube, Liebe, Hoffnung hier zu verlieren gab, das hatte er verloren.

Nie wieder mit Senatorengattinnen
beim Butterkuchen parlieren, nie wieder mit Vizepräsidentinnen über Wohltätigkeit räsonnieren, nie wieder deutsche Frauen – schon ihre Namen taugten nicht, geflüstert zu werden: Nie wieder Deutschland!

Copyright © 2004 by Matthias Politycki
Ursprünglich geplantes zweites Kapitel aus: „Herr der Hörner", Roman, Hoffmann und Campe, 2005

Juan Villoro

wurde 1956 in Mexiko-Stadt geboren. Er studierte dort Soziologie und war dann u. a. als Kulturattaché in Ost-Berlin tätig. Heute arbeitet er als Journalist, Essayist, Chronist und Redakteur für diverse nationale und internationale Zeitungen. Zu seinen auf Deutsch erschienenen Veröffentlichungen zählen u. a. die Romane *Das Spiel der sieben Fehler, Die Augen des San Lorenzo* und der Erzählband *Gewissensprüfung.* Für seinen Roman *El Testigo* erhielt er 2004 den renommierten Premio Herralde.

Der folgende Essay, Villoros Hommage an seine Heimatstadt, stammt aus dem 2007 in Buenos Aires erschienenen Band *Diagonal Sur* (hrsg. v. Marcelo Cohen), in dem verschiedene Autoren lateinamerikanische Großstädte porträtieren, und erscheint hier erstmals in deutscher Sprache.

Die ewige Rückkehr zur bärtigen Frau

In Mexiko-Stadt oder genauer gesagt im Bundesdistrikt Mexiko, bei uns México D. F. oder nur D. F. genannt, bedeutet das Voranschreiten der Zeit eine ungeheure Vermehrung der menschlichen Spezies. Ich wurde 1956 geboren, als die Stadt vier Millionen Einwohner hatte, und heute besitzt sie 18 oder 20. Obwohl die Volkszählungen sehr ungenau sind, besteht doch kein Zweifel daran, dass wir zu viele sind. Wir stehen vor einem ungewöhnlichen Phänomen: der wandernden Metropole. Ohne uns vom Fleck zu rühren, finden wir ständig eine andere Stadt vor; aus Gewohnheit sprechen wir weiterhin von Mexiko-Stadt, aber es ist offensichtlich, dass das Gebiet munter umherzieht und sich unablässig verwandelt.

Vor einigen Jahren lud man mich ein, einen Vortrag im neuen Institut der deutschen Schule zu halten, das in einem Viertel gelegen war, von dem ich nur seinen idyllischen, trügerischen Namen kannte: „Lomas Verdes“ – grüne Hügel. Ich durchquerte die Stadt in Richtung Norden und stellte fest, dass es an den Rändern der Stadt kein besseres Zeichen zur Orientierung gibt als die Einkaufszentren. Ich teile die Ansicht von Tom Wolfe, der meint, dass die nichtssagenden Städte in den USA einem nur anzeigen, dass man den Vorort gewechselt hat, wenn man auf einen neuen 7-Eleven-Laden trifft. Etwas Ähnliches spielt sich in den Außenbezirken von Mexiko-Stadt ab.

Die Lehrer, die mich in die Schule einluden, hatten mir einen entscheidenden Weghinweis gegeben: „am Comercial-Einkaufszentrum vorbei“. Ich beruhigte mich, als ich ein vertrautes Logo erblickte: den Pelikan, der einen Einkaufswagen des Supermarktes von Comercial Mexicana vor sich her schiebt. Ich ging weiter, die Schule suchend, bis ich auf ein weiteres Comercial Mexicana, das heißt einen weiteren Vorort stieß. Als ich mich schon an dessen Grenze glaubte, stieß ich … auf ein Comercial Mexicana! Die Stadt setzte sich weiter fort, viel weiter, als ich angenommen hatte, in Randgebieten, die sich unablässig vermehrten.

Während ich weit über zehn Kilometer zurücklegte, kam ich durch eine breite Straße, die mit riesigen Reklameschildern „geschmückt" war, die man aus Houston oder Phoenix hierher verpflanzt hatte. Diese Umgebung hatte die US-amerikanische Eigenart, wie ein Fremdkörper zu wirken oder ausschließlich dem Bedürfnis nach dem Konsum von Autos, Hotels und Fernsehern nachzukommen.

Als ich ein Kind war, hieß unser *finis terrae* in Richtung Norden angemessenerweise „Satellitenstadt". Ihre Einwohner bildeten einen Stamm, der von Entwurzelung gekennzeichnet war: die „Satelucos", die ersten Mexikaner aus der äußeren Region. Millionen von Hauptstadtbewohnern später stellt die Satellitenstadt den Beginn eines umfangreichen Siedlungsgebiets dar, in dem die einzigen Erkennungsmerkmale fünf oder zehn oder fünfzehn Comerciales Mexicanas sind, deren Neonpelikane bis hin zum unergründlichen Horizont leuchten. Nach meiner Rückkehr von dieser Tour sagte ich einem Freund, dass ich es satt hätte, Werbung zu sehen. „Beklag dich nicht", erwiderte er, „wenn man die Reklametafeln entfernen würde, wäre es noch schlimmer: Dann würde man die Stadt sehen."

Es gibt Gegenden von höchster Hässlichkeit in jener Anhäufung von Städten, die wir „México, Distrito Federal" nennen; dennoch übt das Ganze aufgrund seiner harten Kontraste eine Faszination aus. Es ist lange her, dass die Natur zurückgedrängt wurde, bis sie schließlich aus unserem Blickfeld verschwand. Der Flughafen befindet sich heute bereits im Zentrum, und landwirtschaftliche Arbeiten werden auf der einzigen verfügbaren Fläche ausgeführt: auf den Dachterrassen. Wir haben den See ausgetrocknet, der die schwimmende Stadt der Azteken umgab, wir haben das ganze Tal asphaltiert, wir haben den blauen Himmel zunichte gemacht. Diese schwelende Umweltzerstörung bewirkt, dass wir uns in den seltenen Augenblicken, in denen wir bei klarem Verstand sind, fragen: „Warum zum Teufel leben wir hier?"

Nicht die Unwissenheit hält uns zurück. Wir, die Hauptstadtbewohner, wissen sehr gut über die ökologischen Schrecken Bescheid (wir kennen uns mit den Blessuren aus, die mit der Verschmutzung, der Erdbebengefahr und den Richtwerten von Blei im Blut einhergehen); dennoch glauben wir unter klarer Missachtung der Tatsachen, dass diese Bedrohungen uns nicht betreffen. Willkommen in der Kultur der Postapokalypse, wo das Schlimmste schon vorüber ist: Wir sind das Ergebnis (niemals die Ankündigung) einer Tragödie; eine ungeklärte Katastrophe versetzte uns in eine missliche Lage, aber wir haben uns gerettet. Es gibt keinen vernünftigen Grund, der diese Verhaltensweise erklärt, aber wir übernehmen sie mit verbissenem Dogmatismus. Von daher rührt die Vitalität einer Stadt am Rande des Zusammenbruchs, deren größtes Rätsel es ist, dass sie funktioniert.

Mexiko-Stadt zu durchqueren stellt ein Abenteuer dar, das, obgleich es weder die Verwegenheit noch die Schlitten von Amundsen erfordert, zahlreiche Überraschungen bereithält. Unter der Erde machen täglich fünf Millionen Fahrgäste von der U-Bahn Gebrauch. Es handelt sich dort unten zweifellos um eine weitere zur Auswahl stehende Stadt; eine Stadt, die das zukünftige Mexiko vorausdeutend darstellt, wo die Menschen in der Gruft der Azteken zur Welt kommen und aufwachsen werden, ohne ins Freie hinaustreten zu müssen. Heutzutage verfügen die Metronauten bereits über unterirdische Cafés, Geschäfte, Ausstellungen und Kurse. Sie besitzen auch ihre eigene Schutzpatronin, die Jungfrau Maria von der Metro, die in einer Wasserpfütze in der Station Hidalgo in Erscheinung trat.

Auf der Oberfläche verkehren papageienfarbige Taxis, die sich mit der Tatsache abgefunden haben, dass es sich um eine Megastadt handelt, und die nicht wissen, wohin sie fahren sollen. Wenn der unaufmerksame Fahrgast eine Adresse angibt, gesteht der Fahrer seine Unwissenheit und bittet um Hinweise, wie man dorthin gelangt: „Sie sagen mir, wo es langgeht." Sogar professionelle Fahrzeuglenker geben zu, dass das Gebiet das menschliche Gedächtnis überfordert und exakte Stadtpläne unmöglich macht (wir wohnen einer Entwicklung bei, die die Topografen aus der Luft betrachtet als „Zersiedelung" bezeichnen).

Als der Romancier Günter Grass Anfang der Achtzigerjahre in Mexiko war, fragte er mit teutonischer Strenge: „Wie viele Einwohner hat die Stadt?" Die Antwort, die man damals für angemessen hielt, verursachte ihm ein Schwindelgefühl: „Zwischen 12 und 16 Millionen." Die Differenz, der *Fehlerbereich*, entsprach der Größe von Westberlin, der Stadt, in der Grass lebte.

In Mexiko sind Statistiken eine Art Glücksspiel, und die Namen der Straßen wiederholen sich, als ob sie dadurch den Ruhm der namensgebenden Helden aufpolieren würden. Wer den beliebten, als *Guía Roji* bekannten Plan der Hauptstadt aufschlägt, wird darauf 179 Zapata-, 215 Juárez- und 269 Hidalgo-Straßen finden, was ausreicht, um an die zwanzig hinlänglich patriotische Städte zu bauen. Auf unserer unbeständigen Landkarte sind nicht einmal die Statuen standfest. Das Reiterdenkmal von Karl IV. hat wie ein Springer beim Schachspiel bereits drei verschiedene Plätze eingenommen.

Für die theatralischen Wesen, die in der internationalen Presse schreiben, hat sich Mexiko-Stadt in so etwas wie die bärtige Frau im Zirkus verwandelt. Deren Makel üben eine gern mitgeteilte Faszination aus: In Tausenden von E-Mails und ratternden Faxen ist die Rede von Verschmutzung, Unsicherheit, Erdbeben, Bedrohungen für die Gedärme und von dem fragwürdigen Brauchtum hinsichtlich unserer Würzsaucen. 1984, nachdem ich drei Jahre in Deutschland gelebt hatte, kehrte ich nach Mexiko zurück. Um mich aufzumuntern, reichte mir die Stewardess von der Lufthansa ein Exemplar eines *Time*-Magazins, das Mexiko-Stadt gewidmet war. Das Titelblatt veranschaulichte das Ziel unseres Fluges: eine aztekische Pyramide, umgeben von Gesichtern mit Gasmasken. War es sinnvoll, in eine so konfliktreiche Stadt zurückzukehren? Klarerweise handelt es sich hierbei um eine rhetorische Frage; jeder Bewohner der Hauptstadt Mexikos weiß, dass er die Nabelschnur, die ihn mit ihr verbindet, nicht trennen kann (der Name Mexiko bedeutet übrigens möglicherweise „Nabel des Mondes"). Wir, mondsüchtig und mit einem Ödipuskomplex beladen, gleichen dem Don Juan in *The Rake's Progress*, der Oper von Igor Strawinski mit dem Libretto von W. H. Auden: Wir verlieben uns schließlich in die bärtige Frau.

Es taucht dann eine andere Frage auf: Warum nicht eine Frau ohne Bart suchen? Es gibt viele Mittel, um den krankhaften Genuss der Küsse mit Schnurrbart zu rechtfertigen. Was die verhängnisvolle Anziehungskraft betrifft, die wir gegenüber Mexiko-Stadt verspüren, genügt es, zu sagen, dass uns seine getrübte Schönheit und seine Fähigkeit, uns in vielversprechender Spannung zu halten, fesseln. Hier ist der Brauch nicht etwas, das sich wiederholt, sondern das aus dem Stegreif dargeboten wird. Sogar die Erdkruste bringt mit ihrem unberechenbaren Verhalten die Geschichtsepochen durcheinander. Das Erdbeben im Jahr 1985 verblüffte die Fachleute, weil der Untergrund sich bewegte, als ob er die Regeln der Physik außer Acht ließe. Nachdem der Seismologe Cinna Lomnitz das Rätsel sechs Jahre studiert hatte, kam er zu folgendem Schluss: Am Morgen des 19. September 1985 *war Mexiko-Stadt ein See*; die Erdbebenwellen pflanzten sich wie Wellen im Wasser fort.

Die Azteken gründeten ihre Hauptstadt auf einer Insel und gewannen Land aus dem Wasser. Die spanischen Konquistadoren, die Krieg mit Italien geführt hatten, zögerten nicht, Tenochtitlán mit Venedig zu vergleichen. Die Stadt wurde im Lauf der Jahrhunderte trocken gelegt, und aus den Flussbetten entstanden Straßen. Vom alten See blieb nur das Naturschutzgebiet von Xochimilco am Rande der Stadt, die

Kanäle, wo die Touristen heute das zweifelhafte Vorrecht genießen, durch sumpfige Gewässer zu navigieren, während sie dem Getöse der Mariachi-Kapellen lauschen. Im Stadtkern bilden das Hauptandenken an den See die Kolonialbauten, die absacken wie Schiffe, die sich kurz vor dem Untergang befinden (die Heilig-Kreuz-Kirche ist eine eindrucksvolle Titanic aus Stein, und die Kathedrale hat strategische Gewichte, damit das Kirchenschiff im selben Rhythmus wie die Apsis sinkt und nicht durch die heftigen Böen eines unsichtbaren Sturms zerbirst).

Die Erinnerung an das Wasser stellt eine Verbindung zu den Ursprüngen her. Vom seismologischen Blickwinkel aus betrachtet, befinden wir uns noch in einem für Schiffe befahrbaren Becken: Unsere Autos bewegen sich auf einem *impliziten See* fort.

An einem Ort, wo die Erdkruste auf eine Urvergangenheit reagiert, die von der Oberfläche nicht beachtet wird, kann es nicht verwundern, dass die unterschiedlichsten geschichtlichen Epochen miteinander in Berührung kommen. Der Platz der drei Kulturen, der das malerische Aussehen einer Postkarte hat, verknüpft das Mexiko der Urvölker, der Spanier und der Moderne miteinander: die Grundfesten einer aztekischen Stadt, ein Kloster aus Kolonialzeiten und den Turm des Außenministeriums aus Glas und Marmor.

Beunruhigender sind die unsichtbaren Vermischungen. In der República-del-Salvador-Straße stehen Gebäude aus der Zeit, als die Stadt Teil des Vizekönigreichs Neuspanien war, doch die Menschenmassen und die Geschäftswelt dort muten eher wie das schillernde Ambiente von Taiwan an. Es handelt sich hierbei um eine Hochburg für elektrische Ersatzteile; Batterien und Software lassen sich in dieser Zone günstiger erstehen als anderswo. Eine dritte Kultur findet sich in diesem Fall unter der Erde: Unter dem Asphalt der Républica del Salvador liegt der Ballspielplatz der Azteken. Die Archäologen wissen das, aber hier eine Ausgrabung zu machen, würde bedeuten, dass man ein weiteres

Kellergeschoß hinzufügen müsste – in einer Metropole, die ohnehin schon in sich selbst hinein wächst wie die chinesischen Wunderkugeln aus Elfenbein.

Es ist unmöglich, im Zentrum der Stadt Telefonleitungen zu legen, ohne dabei unbeabsichtigt Archäologie zu praktizieren. Obgleich die Monteure nicht anderes als eine Ritze für ihre Glasfaserkabeln suchen, finden sie Obsidianspitzen, Totenschädel, Brustschmuck, Botschaften des indigenen Mosaiks.

Aber es gibt auch Neueres von den Ureinwohnern der Stadt zu vermelden. Laut dem Instituto Nacional Indigenista (Nationales Institut für indigene Völker) behalten im heutigen Tenochtitlán noch ungefähr zwei Millionen Indios ihre Sitten und Bräuche bei. Es ist offensichtlich, dass sich manche Traditionen in Mexiko infolge des Freihandelsabkommens mit den Vereinigten Staaten und Kanada verwässern, aber andere wiederum erstarken durch den Austausch. Das ist etwa der Fall bei den Mixteken, die von Oaxaca bis Los Angeles McDonald's-Restaurants besuchen und am Ende des Tages die Kundenparkplätze zu Sportplätzen für mixtekisches Ballspiel umfunktionieren.

Auch das spanische Erbe unterliegt Erneuerungen; die Bauten aus der Kolonialzeit sind steinerne Zeugen der Verschmelzung der Kulturen. An der Ecke der Straßen Bolívar und 16 de Septiembre erhebt sich die Mädchenschule „Colegio de Niñas", ein Andenken an die grausame Natur der Conquista, der Eroberung unseres Festlandes durch die Spanier. Nicht alle Glücksritter in Neuspanien kamen zu Reichtümern: Im 17. Jahrhundert ließen mittellose Spanier ihre Töchter allein in der Mädchenschule zurück. Im Laufe der Jahre war das Gebäude einer Anzahl von verschiedensten Begehrlichkeiten der Hauptstadtbewohner ausgesetzt. Nachdem es ein Armenhaus gewesen war, verwandelte es sich nacheinander in das „Deutsche Klubhaus", das Hotel „El Havre", das „Colón"-Theater und das „Imperial"-Kino. Heute, passend zum Zeitalter, ist es der Sitz des Bankierklubs. Gibt es einen besseren Beweis für die Metamorphosen der Stadt als dieses Haus, in dem sich die Geschicke der von den Konquistadoren verlassenen Mädchen, die unbekannten Träume von Hotelgästen, die heftig beklatschten Vorstellungen eines Kabaretts, die unsterblichen, leinwandwirksamen Küsse der Filmschauspielerin Dolores del Río und die Geschäftsessen von einheimischen Yuppies miteinander verknüpfen?

Während einige Gebäude eine Reihe von nostalgischen Gefühlen hervorrufen, deuten andere auf kommende Zeiten hin. 1989 entdeckten die Produzenten des Films *Total Recall* (der in Mexiko unter dem Titel *El vengador del futuro*, „Der Rächer der Zukunft", lief) die postmodernen Möglichkeiten von Tenochtitlán, der idealen Kulisse für eine futuristische Apokalypse. In wenigen Städten begegnen Moderne und Verfall einander auf eine solch glänzende Weise: Bauten für die Pharaonen eines Atomzeitalters und Menschenmassen, die in einem radioaktiven Ganges gebadet haben. *Total Recall* basiert auf einer fantastischen Erzählung von Philip K. Dick und handelt von den Möglichkeiten eines neurologischen Tourismus, von falschen Erinnerungen, die man ins Hirn einpflanzen kann und die für wahrhaftig gehalten werden. Dieses blutrünstige Spektakel mit einem hohen Budget hinterließ eine bizarre Spur in der Stadt. Wer die U-Bahnlinie 9 nimmt und an der Station Chabacano ankommt, wird dort einen großen Schuppen vorfinden, der von Rolltreppen durchzogen ist. Auf dem Dach, zwischen den Metallbalken, befindet sich eine Nachricht aus der Zukunft: das in einer Szene von *Total Recall* verspritzte „Blut". Die Bediensteten der U-Bahnstation haben sich geweigert, die Flecken wegzuwischen; sie bewahren sie wie eine außerordentliche Erinnerung an die Zukunft.

Total Recall bestätigte, dass wir an einem postapokalyptischen Ort leben, wo das Schlimmste bereits vorüber ist. Von außen betrachtet schlägt Mexiko-Stadt alle Rekorde des Schreckens. Von innen nimmt man die Landschaft anders wahr: Keine Apokalypse betrifft uns, obwohl wir von ihren

Zeichen umgeben leben. Es handelt sich natürlich um eine kollektive Einbildung, die aber deswegen um nichts weniger wirklich ist.

Wir lieben einen schrecklichen Schauplatz, dessen Unzulänglichkeiten wir einer vergangenen Zeit zuschreiben: In der Kultur der Stadt existieren Katastrophen wie ein Flashback. Die sagenumwobene Verwundung, die uns zugefügt wurde, konnten wir bewältigen. Das Ergebnis mag scheußlich sein, aber es bleibt aufs Innigste unseres. Ein Aphorismus von Carlos Monsiváis fasst diese krampfhafte Art, die Stadt zu lieben, zusammen: „Es gibt keinen schlimmeren Albtraum als jenen, der uns ausschließt." Wir können hier fortsetzen.

Obwohl jede Metropole sich gegen die Natur erhebt, haben nur wenige eine solche Zerstörungswut an den Tag gelegt wie Mexiko-Stadt. Der Kampf gegen die Elemente wurde mit fanatischer Gründlichkeit geführt. Vom schwimmenden Reich der Azteken, das die Kartografen zu Zeiten der Renaissance mit Utopia und seinen Wasserläufen verglichen, blieben lediglich die mit dem Tode ringenden Kanäle von Xochimilco übrig. Sobald das Wasser getilgt war, rückte der Himmel ins Blickfeld der Zerstörungswütigen. Von diesen beachtlichen Verlusten wird das Landschaftsbild der Stadt bestimmt. Vor einigen Jahren, als ich eine Ausstellung von Kinderzeichnungen besuchte, stellte ich fest, dass keines der Kinder blaue Farbstifte für den Himmel verwendete; sie wählten einen anderen Farbton, um die Wirklichkeit nachzubilden: himmelbraun.

Es ist kein Zufall, dass mexikanische Schriftsteller die Luftverschmutzung mit Besessenheit protokollieren. 1869 besucht Ignacio Manuel Altamirano die Gegend von Candelaria de los Patos und spricht von der „giftigen Atmosphäre", die die Stadt bedroht; 1904 ruft Amado Nervo aus: „Man hat uns unseren blauen Himmel gestohlen!"; 1940 fragt Alfonso Reyes: „Dies soll die Region mit der klarsten Luft sein? Was habt ihr nur aus meinem metaphysischen Hochtal gemacht?" Drei Jahrzehnte später antwortet Octavio Paz:

die Sonne hat den See nicht ausgetrunken
die Erde hat ihn nicht aufgesogen
das Wasser ist nicht in die Luft zurückgekehrt
die Namen waren die Vollstrecker des Staubs.

1957, in dem Jahr eines unserer stärksten Erdbeben, schreibt Jaime Torres Bodet „Statue", ein Gedicht, das er letztlich aus seinem Buch *Sin tregua* (Rastlos) streicht:

Du warst, Stadt. Du bist nicht.
Straßenbahnen, Autos, Magnesiumnächte
haben dich erdrückt.
Um deine Landschaft zu sehen,
brauche ich nun einen genauen,
langsamen Röntgenapparat.
Wie krank deine Bäume sind!
Was für ein Trümmerfeld dein Himmel!

Die Literatur ist genau jener Apparat gewesen, nach dem es Torres Bodet verlangte, um die geheimen Namen der verwandelten Stadt kundzutun. In jenem Erdbebenjahr 1957 fiel die Statue des Engels der Unabhängigkeit auf dem Paseo de la Reforma, einer der bedeutendsten Straßen von Mexiko-Stadt, zu Boden. Es war ein symbolischer Augenblick im Leben der Stadt: Der Himmel war nicht länger oben. Das war die Botschaft, die der Engel in seiner Orientierungslosigkeit anbot. Aber wir haben lange gebraucht, um sie zu verstehen.

„Das einzige Problem dabei, in den Himmel zu kommen", schreibt Augusto Monterroso, „besteht darin, dass man den Himmel von dort aus nicht sieht." Wir leben in dem unvollkommenen Paradies, das sich nicht selbst betrachten kann. Eine der Parabeln, die Italo Calvino den *Unsichtbaren*

Städten beifügte, lässt sich vollständig auf Mexiko-Stadt anwenden: Jahrelang errichten Heere von Maurern Mauern und Dämme, die den Launen eines geistesgestörten Gottes zu gehorchen scheinen. Es kommt der Tag, an dem die Menschen Angst vor dem Sand und dem Zement verspüren. Sie haben beim Bauen jegliches Maß verloren. Kann es einen Plan in diesem diffusen Bestreben geben?

Zwischen den Scharen von Bauleuten taucht jemand auf, der einem Architekten gleicht, jemand, der imstande ist, das Chaos zu ergründen und einen klaren Entwurf anzufertigen. Diejenigen, die nicht damit einverstanden sind, fragen ihn aus. Gibt es einen Plan, der ihre Aufgaben erklärt, einen Sinn in den Straßen und Gebäuden, die sich unaufhörlich vervielfältigen?

„Wartet, bis es dunkel wird, und macht alle Lichter aus", sagt der Architekt. Als die letzte Lampe erlöscht, betrachten die Bauleute das Himmelsgewölbe. Nun verstehen sie das Projekt. Dort oben erstrahlt der Plan der Stadt.

*

Wer nachts in Mexiko-Stadt mit dem Flugzeug landet, hat das Gefühl, in einer ordnungslosen Galaxie anzukommen. Nichtsdestotrotz muss diese Lichterflut, die das gesamte Tal erfasst, weiter zunehmen. Ihre Logik erfordert die laufende Ausdehnung. In welcher Richtung kann sie fortfahren? Alle Pfeile zeigen nach unten. Die bedeutendsten Werke der Ingenieurtechnik im modernen Mexiko befinden sich unter der Erde: die U-Bahn und die tiefe Drainage. Der Untergrund ist unsere letzte Grenze. Über geologische Sachzwänge hinaus besitzt diese Dynamik stark symbolisches Gewicht. Im Aufsatz „Mitos prehispánicos" (Vorspanische Mythen) merkt Enrique Florescano an: „Der Gedanke, dass das Innere der Erde eine Höhle beinhalte, wo lebensnotwendige Nahrungsmittel angehäuft werden und sich das Leben erneuere, ist die vorherrschende Vorstellung in den mesoamerikanischen

Schöpfungsmythen." Unter der Erde befinden sich die Toten und der Ursprung. Es ist kein Zufall, dass die bedeutendsten Legenden der indigenen Welt (die Sagen von Quetzalcóatl oder von den göttlichen Zwillingen aus dem *Popol Vuh*) von Reisen in die Unterwelt erzählen.

Manche Städte – wie Bagdad oder Samarkand – verdanken ihren Ruhm, dass sie am Rande von gefährlichen Wüsten liegen; die Reisenden, die ihre Tore erreichen, fühlen sich wie in einer Oase, endlich in Sicherheit. Mexiko-Stadt fesselt auf entgegengesetzte Weise: Es ist unmöglich, es zu verlassen.

Der hellsichtige Nostradamus sagte vorher, dass im August 1999 die Welt zu existieren aufhören würde. Wir Mexikaner, die wir der Tragödie ebenso sehr zugetan sind wie dem Spektakel, setzten damals unsere schärfsten Brillen auf, um nach Symbolen zu suchen, welche die Apokalypse andeuteten. Welche Zeichen für das nahende Ende machten wir in jenem Sommer, der unser Missvergnügen erregte, ausfindig? Am 20. August raste ein Auto über die Plaza de la Constitución und wollte durch eine Lücke zwischen der Kathedrale und den ausgegrabenen Resten der Pyramide des Templo Mayor durchfahren. Der Fahrzeuglenker beschleunigte, bis er bemerkte, dass es keine Straße gab und sein Wagen auf die aztekische Pyramide zuflog. Wie durch ein Wunder, das vielleicht Tezcatlipoca zuzuschreiben ist, dem Gott des Schicksals, landete das Auto, ohne Schaden zu nehmen, und blieb liegen wie eine außergewöhnliche Opfergabe für die Urahnen. Der Fahrer, der diese millenaristische Version eines Menschenopfers erprobte, war betrunken, und er war Polizist.

Wenige Tage später ereignete sich ein weiterer Unfall. Ein Heeresoffizier überquerte mit seinem Auto dieselbe Plaza de la Constitución in Richtung der Stufen, die zur U-Bahn führen, als ob der urtümliche Untergrund, der Wächter über die vorspanischen Lehren von der Entstehung des Kosmos, über ein nächtliches Selbstbedienungsprogramm verfügte.

Im August des Nostradamus prallten die Ordnungskräfte

mit dem Erbe zusammen. Auf den ersten Blick handelt es sich hierbei um gewöhnliche Vorkommnisse in einem Land, in dem eine Flasche Tequila nicht ausreicht, um einen uniformierten Fahrzeuglenker ernstlich zu beunruhigen. Wenn man sie jedoch genauer betrachtet, bieten die Zusammenstöße Beispiele für unsere zerstörerische und vielleicht fruchtbringende Art, Kulturen zu vermischen. Die Straffreiheit des 20. Jahrhunderts schlug auf den Steinen auf, auf denen die Gründer der Stadt ihre blutrünstigen Riten abhielten. Völlig zu Recht verurteilten angesehene Anthropologen den Zusammenstoß mit dem Kulturerbe. Das Paradoxe an dieser Angelegenheit ist, dass der sich über Hindernisse hinwegsetzende Rennwagen ein so charakteristisches Symbol für seine Zeit ist, wie es die Pyramiden, die er befleckte, für die ihre waren.

Um über seine Mischlingsnatur Auskunft zu geben, wählte Neuspanien als eines seiner Embleme das geflügelte Pferd Pegasus, jenes Mischwesen, das die Erde mit dem Himmel in Verbindung setzt. Es ist anzunehmen, dass ein Polizist, der nicht imstande ist, das Bremspedal zu finden, der Mythologie wenig Beachtung schenkt; dennoch flog sein Auto wie eine moderne, lädierte Ausgabe des Pegasus und rief ins Gedächtnis, dass der Templo Mayor durch eine solch anmaßende, verantwortungslose Tat ins Licht des 20. Jahrhunderts gerückt wurde wie jene, mit 150 km/h auf den Nationalpalast zuzusteuern.

In seiner sonderbaren, *Mis Tiempos* genannten schriftlichen Verteidigung des Chaos behauptet der ehemalige mexikanische Präsident José López Portillo, dass er die uneingeschränkte Macht der Exekutive einer Prüfung unterzog, als er die Zerstörung eines Häuserblocks von Kolonialbauten anordnete, um die Fundamente des Templo Mayor freizulegen. Dank eines Bevollmächtigten, der dazu geneigt war, das Amt, das er bekleidete, mit der Willkür seines Testosterons zu vermengen, verfügt das Zentrum von Mexiko-Stadt heute über eine beschädigte Zone, die Lücke, die die Wohnsitze aus der Zeit des Vizekönigtums hinterließen und die nun eine aztekische Steinwüste einnimmt, die dem sauren Regen ausgesetzt ist. Der Präsident musste eine Reihe von Liegenschaften mit Dynamit sprengen, um sich einem spanischen Vizekönig oder einem aztekischen Herrscher ebenbürtig zu fühlen und wie die Hauptfigur in dem Gedicht von Jorge Hernández Campos auszurufen:

Ich bin seine Exzellenz Herr Präsident der Republik
General und Gelehrter Herr Max Mustermann.
Und wenn die Erde bebt
und das Volk unten auf dem Hauptplatz
dicht gedrängt steht und johlt
und ich „Mexiko lebe hoch!“ ausrufe
um „Ich lebe hoch!“ auszurufen
und die Hand auf meine Hoden lege
fühle ich einen berauschenden Strom
von Lebendigkeit

Auch der Fahrer, der seine Abdrücke am Opfertempel hinterließ, rief „Ich lebe hoch!“ aus und fühlte einen berauschenden Strom von Lebendigkeit. Die Plaza de la Constitución ist der Ort, wo die Zeiten einander ihrer Vergehen beschuldigen. In der Nähe der Geländerstäbe des Templo Mayor tanzen Techno-Ureinwohner im Takt zu den Bläsergruppen und der Musik, die aus einem Ghettoblaster kommt. Einige tragen T-Shirts, die die Macht des Hardrock verherrlichen. Auf den Bänken in der Kathedrale bieten arbeitslose Klempner und Tischler ihr Handwerkszeug in der Erwartung an, dass jemand ihnen Arbeit gibt. Das aztekische, spanische und mischrassige Mexiko verschmelzen zu einer einzigen Katastrophe.

Sechs Tage, bevor der Meteorit in Form eines Automobils einschlug, trat der kubanische Musiker Compay Segundo im Teatro Metropolitan auf. Der 92-jährige Doyen des Musikstils Son Cubano sprach wie ein karibischer Teiresias und bat das Publikum, dass es seine Traditionen nicht vergessen solle (die seiner Meinung nach in zwei elementaren Gegenständen zum Ausdruck kamen: dem Überwurf und dem Hut). Eine Menschenmenge, die sich niemals in der Landestracht kleiden würde, spendete tosenden Applaus. Das „Charakteristische“ wurde als die übersinnliche Entdeckung eines kubanischen Sehers gefeiert.

Ehrlich gesagt ist das Typischste im gegenwärtigen Mexiko das Trash-Metal-Kreolentum, der Synkretismus, der die Vernichtung aller seiner Bestandteile gewährleistet. Kann es schlussendlich etwas Logischeres geben, als dass in jener Stadt der Welt, deren Straßen am meisten verstopft sind, die Autos in Pyramiden geparkt werden?

Jorge Luis Borges fasste seine getrübte Leidenschaft für die Stadt Buenos Aires in zwei elfsilbigen Versen zusammen: „Uns eint nicht die Liebe, sondern der Schrecken / vielleicht lieb ich sie grade deshalb so sehr.“ Die widersprüchlichen Vergnügen von Mexiko-Stadt sind von dieser Art. Täglich schwören wir, die Stadt zu verlassen, und täglich geben wir uns ihrer Umarmung hin. Wie jede erworbene Leidenschaft hängt auch die unsere von der Gewohnheit ab. Diese Stadt hat uns bis zum Eigensinn erzogen; sie ist die unentbehrliche Gefährtin geworden, die wir verdienen. Mögen andere in den Festungen der Ordnung und des glücklichen Verkehrs leben. Uns jedoch verlangt es nach dem komplizierten Charakter und der zweifelhaften Schönheit der bärtigen Frau.

Originaltitel: „El eterno retorno a la mujer barbuda“
aus: „Diagonal Sur“, (hrsg. v. Marcelo Cohen), 2007
© Juan Villoro, 2006
Aus dem Spanischen übersetzt von Elisabeth Schöberl

Keto von Waberer

wurde 1942 als Tochter einer Deutschen und eines bolivianischen Architekten in Augsburg geboren. Sie studierte Kunst und Architektur in München und Mexiko-Stadt und verbrachte mehrere Jahre in Mexiko. Seit 1998 hat sie einen Lehrauftrag für Creative Writing an der Hochschule für Film und Fernsehen in München. Der Berlin Verlag veröffentlicht seit 2002 ihre Erzählungen und Romane, u. a. *Schwester* und *Blaue Wasser für eine Schlacht.* Zuletzt erschien der Erzählband *Umarmungen* (2008). Keto von Waberers Arbeiten wurden mit zahlreichen Preisen ausgezeichnet. Die Mutter zweier Kinder lebt als freie Schriftstellerin in München.

Die folgende Erzählung entstammt dem Erzählband *Der Schattenfreund*, Berlin Verlag.

Keto von Waberer

Das Katzenhaus

Manchmal glaubte ich, drüben Stimmen zu hören, Murmeln und Gelächter. An den heißen Nachmittagen hockte ich draußen im Patio, den Rücken an die Mauer gelehnt, im Schatten des unbewohnten Nachbarhauses. Das Haus mit der Palme im Vorgarten hatte lange leer gestanden, das trockene Gras auf dem flachen Dach wehte im Wind wie schütteres Haar.

Wenn ich durch die zerbrochene Scheibe hineinschaute, die Hände neben den Augen ans Glas gelegt, streckten sich drinnen die Räume im gestreiften Schatten der Jalousien, unberührt. Keine Fußspuren störten die Staubschicht, die auf dem Plattenboden lag. Die Palme raschelte wie Papier, wenn sich ein Vogel zwischen ihren Wedeln niederließ und an den blassbraunen Beerentrauben pickte, die am Stamm herunterhingen. Ihr Schatten, ein unruhiger, scharf gezackter Stern, fiel am Morgen in meinen Hof, wanderte weiter, schob sich die Hauswand hinauf, zerfloss.

Im Haus auf der anderen Seite meines Hofes wohnte eine Familie mit vielen Kindern. Die Wand, die unsere Schlafzimmer trennte, war dünn, und mein Tag begann mit Geflüster, Getrippel und Gewimmer, den schläfrigen Morgenstimmen der Kinder, die ich nicht unterscheiden konnte und die im Halbschlaf wie das Gurren und Piepsen eingesperrter Vögel klangen.

Flor, die Nachbarin, kam manchmal herüber und brachte mir einen Krug milchige Reisorchata, sie brachte auch ein paar von ihren Kindern mit, die Gläser trugen. Sie traute meinem Haushalt nicht, und sie hatte Recht. Abends, wenn Julio nach Hause kam, stellte er Tüten mit Quesadillas, die er auf der Plaza gekauft hatte, in die Küche, Bierflaschen und Coladosen. Wir aßen, auf den Stufen der Küchentür sitzend, und warteten auf die Abendbrise. Wir sahen zu, wie die Fledermäuse über die Mauer schossen, an uns vorbeitauchten und über dem hellen Quadrat unserer Hauswand in den Abendhimmel verschwanden. Die Wedel der Palme schlugen gegeneinander wie Plastikfolien, und die Glühbirne über der Straße schwankte. Die flachen gekalkten Häuser der Straße reihten sich im Abendlicht aneinander wie bleiche Pappschachteln. Nur das Haus hinter der Palme verlor sich in der Dunkelheit. Am Tag sah man, dass es rosa gestrichen worden war, vor vielen Jahren. Seine Farbe, ausgewaschen und fleckig, erinnerte mich an einen schimmligen Schinkenwürfel. Julio nannte es das Katzenhaus. So nannten es auch die Nachbarn, wir hatten nie gefragt, warum.

Ich sah Dora zum ersten Mal unter der Palme stehen, als ich an einem dunstigen Morgen auf die Straße trat; neugierig, wie die anderen Frauen, um zuzusehen, was für Dinge aus dem Möbelwagen ins Katzenhaus getragen wurden. Die Frauen scharten sich zusammen im Schatten der gegenüberliegenden Mauer. Sie wirkten einig, wie eine Herde, hatten die Arme über dem Bauch verschränkt, trugen Schürzen. Wie sie da alle mit gesenkter Stirn in dieselbe Richtung äugten, sah ich in ihren Gesichtern etwas, das mich beunruhigte und das ich nicht deuten konnte. Es musste mit Dora zu tun haben, ich hörte nur ihre Stimme, hell und sehr hoch rief sie den Männern vom Möbelwagen Befehle zu, beschimpfte sie scherzhaft, lachte. Ich schob mich behutsam hinter die Frauenfront. Dora stand an die Palme gestützt, in kurzen bananengelben Hosen, ihre Haare, schwarz und glanzlos wie lockere Wollstränge, hingen bis auf ihre Brust. Sie trug ein Hawaiihemd, und ebenso rot wie dieses waren auch ihre Fingernägel, ihr Mund, ihre Sandalen. „Eine Geschiedene", murmelte die Frau des Briefträgers. „Die ist aus Morellia", sagte eine andere Frau. „Dreißig ist die – mindestens." Flor, die neben mir wohnte, nickte mir zu. Sie traute meiner Menschenkenntnis nicht. Dora sah unter der Palme aus wie die

Frau auf einem Reiseprospekt. Urlaub in der Südsee vielleicht. Als sie die große Brille mit den schrägen Gläsern abnahm und zu uns hinüberlächelte, sahen wir alle, dass auch ihre Augen schräg standen und ebenso dunkel waren und glitzernd wie die Brillengläser.

Währenddessen trugen die beiden Männer schwere hölzerne Möbel und bunt gemusterte Kissen und Tücher ins Haus. Sie sahen viel zu mächtig aus für die zwei kleinen Räume. Später erfuhr ich, dass Dora in einem Haus für Kolonialmöbel arbeitete, wie sie sagte, als Innendekorateurin. Aber Flor zuckte abschätzig die Schultern: „Als Verkäuferin vielleicht."

Durch das Fenster, das sich auf meinen Hof öffnete, betrachtete ich am Nachmittag das riesige geschnitzte Bett, das fast den ganzen Raum ausfüllte. Ein grober weißer Überwurf, der mit blauen Vögeln bestickt war, lag darauf. Julio und ich schliefen auf einer Matratze, ich außen, weil ich nicht ertrug, zwischen Julio und der Wand eingepfercht zu liegen. Manchmal rollte ich nachts aus dem Bett, und morgens trug mein Körper die Abdrücke des verfugten Plattenbodens, wie eine helle seltsame Echse. Das Haus gehörte Julios Tante, und im Herbst sollte ihre verheiratete Tochter aus Guadalajara einziehen. So lange konnten Julio und ich uns dort einrichten. Nicht, dass wir viele Möbel mitgebracht hätten. Wir besaßen nichts als ein paar Decken, Obstkisten, Kerzenleuchter und unsere Bücher. Julio hatte sie im Wohnzimmer an der Wand aufgereiht, und nun lagen tote Nachtfalter auf ihnen.

Dora beugte sich aus dem Fenster zu mir heraus in den Hof und lächelte. Ohne Brille konnte sie nur einen bunten Schatten im weißen Hof erkennen. „Kurzsichtig wie ein Säugling", sagte sie mir später.

„Lebst du allein?", fragte sie, fragte wie jemand, der bereit ist, in die Hände zu klatschen, wenn er richtig geraten hat. „Ich, ich bin *soltera* – Junggesellin." Sie hob ihre Haare mit beiden Händen und ließ sie fallen.

Wieder erinnerte sie mich an eine Frau auf einem Reklameplakat, überlebensgroß und in leuchtenden Farben. Ich stand auf und kam zum Fenster.

„Ich lebe hier mit Julio“, sagte ich widerstrebend, denn irgendwie fühlte ich, dass ich sie enttäuschte. Sie zog mich näher heran, wie ein Kind, und betrachtete mein Gesicht.

„Verheiratet?“

Ich schüttelte den Kopf.

Sie lachte. „Komm herüber.“

Sie machte eine einladende Geste, und ich kletterte zu ihr hinein. Im Wohnzimmer gab es kaum Platz zwischen den beiden wie aus rohem Holz gefügten Sofas, der geschnitzten Truhe, dem niedrigen Tisch mit seiner eisenbeschlagenen Platte – zum Grillen, sagte Dora. Das ganze Haus roch nach Holzlasur, alle Möbel waren neu, auch der dicke Strauß aus mexikanischen Papierblumen, der fast das ganze Fenster verdeckte.

„Gefällt es dir? Wie heißt du?“, fragte Dora und reichte mir einen irdenen Becher mit Kaffee. All ihr Geschirr war aus der rotbraunen Keramik, die man auf dem Markt kaufen konnte.

„Ich heiße Ellen“, sagte ich, und Dora lachte und warf sich auf die gewebten Kissen des Sofas. Diesmal sah sie aus wie eine Schaufensterpuppe in der Dekoration eines rustikalen Möbelhauses. „Eleonora reimt sich auf Dora“, sagte sie, „das ist schön.“ Sie betrachtete mich kurzsichtig und erwartungsvoll: „Und auf *Zarzamora*, Brombeere – auch nicht schlecht.“

Wenn Dora wirklich arbeitete, dann nur selten. Sie war fast immer zu Hause. Um einzukaufen, zog sie sich umständlich an, schminkte sich, steckte ihre Haare auf, das alles am offenen Fenster, um mit mir zu plaudern. Je nachdem, wie die Sonne stand, hockte ich im Hof oder auf der Schwelle meiner Küchentür, auch ich arbeitete nicht. Doña Elvira, die alte Dame, die ich sonst immer am Vormittag spazieren führte, die ich kämmte und deren Rücken ich mit Alkohol einrieb, war mit ihrer Familie in die Sommerfrische aufs Land gefahren. Julio hatte mir die Stelle besorgt. Wir verbrachten viel Zeit in der kühlen Kirche von San Ambrosio, deren Turm ich vom Patio aus sehen konnte, um dann, an ihren guten Tagen, langsam an den Hauswänden und Mauern entlang zum Süßigkeitenladen zu pilgern. Doña Elvira liebte es, über Leute zu sprechen, die vorbeigingen, vor allem über die Alten. „Hält sich gut, George“, sagte sie. „Seine Haare, nun ja.“ Oder: „Isabelle – zu schade, Wasser in den Beinen, schon als junge Frau, Wasser in den Beinen, sollte sie bandagieren.“ Selten fiel ihr etwas Neues ein. Manchmal vergaß sie die Namen oder den obligaten Satz zu einer Person, dann blinzelte sie verwirrt zu mir herüber, und wie eine Souffleuse flüsterte ich ihr das Stichwort zu. Doña Elvira hörte noch sehr gut.

Julio arbeitete für ihren Enkel, er konnte nie genau erklären, was er tat, es gab keinen Namen dafür. Er brachte Schriftstücke oder Akten in dicken ockergelben Umschlägen zu Leuten, die ihn fast immer warten ließen, später trug er den Umschlag wieder zurück in das große heruntergekommene Bürogebäude, in dem Doña Elviras Enkel in einem kleinen stickigen Raum mit vielen Telefonen saß. Manchmal ließen ihn die Empfänger stundenlang warten. Manchmal machten sie nicht auf, und er musste vor den Häusern Wache halten, bis er sie abfangen konnte. Manche gaben ihm Geld, andere beschimpften ihn, schlugen ihm die Tür vor der Nase zu. Er versicherte mir, er wisse nicht, was in den Umschlägen sei, wolle es auch nicht wissen, er habe auch noch nie hineingesehen. Wenn ich Doña Elvira nach ihrem Enkel fragte, lächelte sie: „Ein guter Junge, er isst nicht genug“, und wenn ich weiterbohrte, blinzelte sie mir zu. „Geschäfte, was weiß ich, Geschäfte, Kind“, und sie ließ ihren Stock fallen, das tat sie immer, wenn ich ihr lästig wurde.

Dora saß auf dem Fensterbrett. Sie hatte schwarze Farbe auf den Haaren und sammelte Asche aus verschiedenen

Aschenbechern, um damit den schwarzen Rand von der Stirn zu reiben. Ich gab ihr ein Glas von dem gegorenen Ananassaft, den Flor mir gebracht hatte. Dora kam nie ans Fenster, wenn Flor bei mir im Hof saß. Die Kinder warfen Steinchen gegen das Fenster, ohne dass Flor es ihnen verbot. Sie erwähnte Dora nie, aber an den Blicken, die sie manchmal über das Fenster gehen ließ, erkannte ich, dass sie nichts von Dora hielt. Nur einmal, als sie mich in Doras rotem Hemd überrascht hatte, konnte sie nicht umhin, mich zu warnen. Sie legte ihre Hand auf mein Knie und schaute mir ins Gesicht. „So eine“, sagte sie. „Schon am Morgen aufgedonnert wie zu einem Ballbesuch. So eine, die Zigarettenkippen über die Mauer wirft in fremder Leute Patio. Mein Mann, der gute, wollte ihr neulich ein Stück von unserem Zicklein bringen, denn die vom Laden sagen, die lebt nur von Bohnen und Tortillas. Ich habe es ihm ausgeredet. Wer weiß, was sie mit ihm angestellt hätte … Männer sind so leichtgläubig. Bleib du mal schön da, hab ich gesagt. Wenn, dann schicken wir eins der Kinder. Aber dann war am Schluss nichts über, du weißt, wie das ist.“

Ich sah zu, wie Dora das Glas austrank, seufzte, lachte, sich die Oberlippe leckte. Ich wagte nicht, sie zu fragen, ob das mit den Bohnen stimmte. Sie trug einen mit Pfauenfedern bedruckten Morgenrock. „Ich finde, die Farben von Rubinstein sind die besten“, sagte sie und kratzte sich mit einer Haarnadel unter der schwarzen Farbe. „Du solltest dir einen kleinen Rotton reinfärben.“ Wir unterhielten uns oft über Kleider und Schminke. Dora gefiel es, mir ihre Sachen im Fenster vorzuführen, wie bei einer Modenschau. Manchmal schloss sie den Vorhang, und ehe sie ihn aufzog, um sich mir zu präsentieren, in einem weißen, tief ausgeschnittenen Abendkleid zum Beispiel, legte sie eine Platte auf. Sie liebte Walzer und Paso doble. Manchmal hörten Julio und ich die ganze Nacht Musik aus dem Katzenhaus.

„Glaubst du, sie ist Innendekorateurin?“, fragte ich Julio. „Sie arbeitet nie.“ – „Ich glaube, sie hat irgendwoher Geld.“

Julio und ich sprachen selten über Geld. Wir hatten beide ein paar Semester studiert. Er Soziologie, ich Pharmazie, aber dann hatten wir keine Lust mehr gehabt. Julio sprach davon, eine Studie über zugewanderte Landarbeiter in der Großstadt zu schreiben. Ich wusste nicht, was ich gerne tun wollte. Manchmal glaubte ich, es wäre am besten zu heiraten, aber nicht Julio, sondern jemanden, der ein Haus auf dem Land hatte, ein Haus mit hohen schattigen Bäumen und einem Schwimmbecken. Doña Elvira hatte mir von ihrem Haus erzählt. Es gab dort auch einen Springbrunnen mit einem Stier, aus dessen Nüstern Wasser quoll, und die Küche war so groß wie der Platz vor San Ambrosio.

Der Möbelwagen kam am Morgen und nahm ein Sofa mit. „Es ist zu eng gewesen." Dora war nervös. Polster lagen auf dem Boden, wo das Sofa gestanden hatte.

Am Abend sah ich sie jenseits des dunklen Schlafzimmers im Bad vor den Farnkübeln knien. Sie war nackt und wandte mir den Rücken zu. Ich konnte nicht sehen, was sie machte, aber ihre Schulterblätter bewegten sich und ihr Kopf neigte sich nach vorne, bis er verschwand, um wieder aufzutauchen und innezuhalten, das Gesicht zur Decke gekehrt, mit baumelndem dunklem Haar.

In dieser Nacht roch es eigenartig im Hof. Julio träumte von einer Ostermesse, er wachte auf und wollte zum Markt gehen, um sich dort ein Stück gebratenes Lamm zu holen, auf das er plötzlich Lust verspürte. Ich hatte geträumt, ich läge zwischen den heißen Pfoten eines großen haarigen Tieres. Der Traum hatte mir gefallen, und ich trauerte meinem Tiergefährten nach. Julio gab sich Mühe, mich zu trösten.

Nachmittags erhob sich ein Wind und trieb ganze Scharen von flachen gefiederten Wolken über den Himmel. Ich sah Dora mit ausgebreiteten Armen auf dem Dach des Hauses stehen. Sie lächelte mit geschlossenen Augen. Später winkte sie mir heraufzukommen, aber ich war zu müde. Ich lag in der Hängematte, die Flor mir geliehen hatte, und sah zu, wie der Wind die Blüten der Bougainvillea abriss und gegen die Mauer blies.

Als es dunkel wurde, führte Dora mich an der Hand in das Wohnzimmer, überall standen Tonkrüge und Näpfe mit Blumen. Es sah aus, als warte das Zimmer darauf, dass jemand dort aufgebahrt würde. Sie führte mich zum Eisschrank und zeigte mir Weinflaschen, Melone, ein langes Glasgefäß mit vorgekochten Krabben in roter Sauce. „Muss man nur noch ins Rohr schieben", sagte sie. Dunkle Ringe lagen unter ihren Augen. Ihr Mund war ungeschminkt und trocken. „Was ist los mit dir?" Die Hand, mit der sie meine festhielt, fühlte sich unruhig an wie ein zappelndes Wesen.

„Carlos kommt", sagte Dora, und ihre Augen füllten sich mit Tränen. Sie fing an zu lachen, umarmte mich, griff nach einer Flasche, ließ mich los, gab mir einen Stoß, immer noch lachend. „Hol Gläser", rief sie, aber ich hörte drüben im Hof Flors Stimme. Sie hatte mir einen Teller Hühnerbrühe versprochen, und ich schämte mich vor Dora, nicht nur, weil mir beim Gedanken an Flors Brühe das Wasser im Mund zusammenlief, sondern weil ich mich gleichzeitig von Flor ertappt fühlte und schnell zu ihr hinüberwollte, als käme ich soeben von irgendwo anders zurück.

Carlos kam, aber ich hörte nichts von seiner Ankunft. Am nächsten Tag blieben die Vorhänge an Doras Fenster geschlossen. Kein Laut drang auf den Hof hinaus.

Abends umarmte ich Julio im Bett und versuchte mir vorzustellen, was drüben jenseits des nächtlich blauen Patios vor sich ging. Ich sagte ihm nichts davon, aber es war, als könnte ich ihn anstecken mit den heimlichen Bildern, die mich den ganzen Tag geplagt hatten, während ich meine Haare wusch, im Hof herumging, die Blüten der Bougainvillea aufkehrte und an der Mauer hockte, um zu dösen. Carlos lag wie ein dunkler Baumschatten zwischen den gestickten Vögeln. Sie leuchteten, spreizten die Federn, scharten sich um die beiden verschlungenen

Körper, die Luft darüber zitterte, aufgestört vom heftigen Flügelschlagen, von gefiederten Angriffen, taumelnden Landungen.

Auch der nächste Tag kam und ging mit geschlossenen Vorhängen und der eigenartigen Stille eines Hauses, in dem sich nichts rührt, obgleich Menschen darin atmen, flüstern, herumstreifen.

Carlos hatte eine Frau, Carlos hatte vier Kinder, Häuser, Autos, Segelschiffe, einen wichtigen Posten bei irgendeinem Konzern. Carlos hatte kleine Füße mit hohem Rist, die Haare auf seiner Brust formten eine perfekte Raute. Wenn Carlos schlief, sah er aus wie ein Sänger, den ich nicht kannte. Dora spielte mir seine Platten vor, am Fenster sitzend, ganz eingesponnen in ein Gespinst aus Sehnsucht und triumphalem Liebesrausch. Keiner durfte davon wissen, dass Carlos kam.

„Er hält sie aus", sagte Julio, als der Möbelwagen das Sofa zurückbrachte. Dora kochte Spaghetti, und wir hockten in dem engen Wohnzimmer, das nach Holzlasur und Doras Magnolienparfum roch.

Carlos kam nicht oft. Manchmal erwartete Dora ihn tagelang, ohne die Hoffnung zu verlieren. Sie ging zwischen Wohnzimmer und Schlafzimmer hin und her in ihrem Pfauenmorgenrock und rauchte. Ich sah sie durchs Fenster. Auch Flor sah sie. Flor hielt ihr schlafendes Baby zwischen den Knien und flocht einen roten Wollfaden in mein Haar. Wir sprachen nicht davon, dass manchmal nachts jemand an Doras Tür hämmerte und mit schwerer Zunge Püppchen rief. Die Männer, die abends von der Arbeit kamen, reckten unverhohlen die Hälse nach Dora, die auf dem Dach ihres Hauses in einem Liegestuhl lag und mit den Seiten ihrer Illustrierten raschelte. Ihre nackten Zehen wippten, als winke sie herunter. Auf der Straße, morgens, wenn die Frauen Wasser vor ihren Hoftüren verspritzten und die Haare der Kinder zurechtstriegelten, ehe sie sie in den Kindergarten entließen, schritt Dora dahin, als wäre sie unsichtbar. Das Weiß ihres Kleides schimmerte wie Phosphor, ihr Haar breitete sich im Morgenwind, mit dem Korb am Arm sah sie aus wie von einem Fotografen ausstaffiert. Gleich würde sie in den Korb greifen und Früchte zum Vorschein bringen, die ihren Händen entkamen und sie schwerelos und glitzernd umkreisen würden wie Sterntrabanten.

Die Frauen ahnten, was mit Dora los war, und waren nicht bereit, es mit anzusehen. Ihre Stimmen, mit denen sie sich gegenseitig „Guten Morgen“ zuriefen, wurden lauter, die Kinder erhielten einen Schubs, um sie auf den Weg zu bringen, die Hände schaufelten silberne Wasserbögen aus den Eimern. Dora in der Mitte der Straße suchte behutsam einen Weg für ihre hohen Schuhe auf den runden Kieseln des Pflasters.

Am Morgen, als die tote Katze an der Palme hing und im Wind mit trockenem Ton an den Stamm schlug, konnte Dora das Haus nicht verlassen. Sie lag angezogen auf dem Bett, und der Korb stand neben ihrem Kopfkissen. Nach einer Weile drehte sie den Kopf zum Fenster und murmelte etwas, aber ich verstand sie erst, als ich mich über sie beugte. „Er soll kommen, soll kommen, sie wegtun, gleich.“

Ich ging bereitwillig, mit Carlos' Telefonnummer versehen, hinunter an die Plaza. Unsere Straße lag wie ausgestorben in der Vormittagssonne.

„Wenn sie einen von ihren Anfällen hat“, sagte Carlos' Stimme, eine angenehme Stimme mit leisem Tremolo in den tieferen Lagen, „dann schafft sie ins Hospital Ignazio, ich kümmere mich um die Kosten.“ Es war nicht leicht gewesen, ihn ans Telefon zu bekommen, ich hatte mehrere Frauenstimmen mit professionellen Abwehrfloskeln überwinden müssen. Die Sache mit der Katze erheiterte Carlos, und er schlug vor, sie abzuschneiden, als ob er leutselig mit einer einfältigen Hausangestellten scherze. Dann hängte er ein.

Julio schnitt die Katze ab, als es dunkel wurde. Sie fiel in das harte graue Gras des Vorgartens wie eine vertrocknete Frucht. Wir standen an Doras Bett, am Fußende wie zwei besorgte Eltern. Der Korb, noch immer neben ihrem Kopf, war umgefallen, und Münzen, Geldscheine und Schlüssel lagen auf dem Teppich. Auf den Früchten, die über den Boden gerollt waren, hockten Fliegen. Eine geplatzte Zapote nistete in Doras Haar, neben ihrem Ohr. Ich konnte ihren faden süßen Duft im ganzen Zimmer riechen. Die Zugluft hatte ein paar Geldscheine in der Zimmerecke zusammengetrieben, Dora schaute zur Decke. „Er soll gehen“, murmelte sie. „Wenn Carlos ihn hier findet …“ Aber Carlos kam nicht. Als ich, schon im Nachthemd, ins Fenster kletterte, um das Licht bei Dora anzumachen, und ihr eine Dose Cola hinhielt, richtete sie sich auf und fasste meine Hand.

„Zum Geburtstag hab ich ihm ein Kostüm genäht, aus weißem Plüsch, so süß sah er aus, in den Ohren war Draht, aber nur eins wollte aufrecht stehen, das andere …“ Sie trank aus der Dose. „Der Kuchen … die Kerzen sind geschmolzen. Die Kleine in ihrem weißen Kleid wollte weinen, und ich habe gesagt … Mama macht neue Kerzen rein, Mama hat noch welche, viel schönere, aber sie wollte nicht.“ Sie sah mich an, als erwarte sie eine Antwort. Ich zog ihr die Schuhe aus, schob den Korb vom Bett, wollte das Kleid aufknöpfen, aber sie hielt meine Hände fest und verzog ihr Gesicht zu einer verzweifelten Grimasse.

Am nächsten Morgen, schon früh, putzte Dora das Schlafzimmer. Sie sang dabei, trug ihre gelben Shorts und das rote Hemd und reichte mir einen Becher Kaffee durchs Fenster. Später, als Flor kam und mir den Schorf auf dem Kopf ihrer kleinen Tochter zeigte, aßen wir Kekse, die wie Tiere geformt waren, ich einen Walfisch, Flor einen Löwen, die Kinder stritten sich um die Pinguine. Julio war gestern gut bezahlt worden und hatte alle möglichen Sachen mitgebracht. Gesalzene Nüsse in Dosen, Kartoffelchips, Kokoslikör und einen großen schwitzenden Käse.

Flor schaute hinüber zur Palme, und ich konnte merken, wie gerne sie über die Katze gesprochen hätte, aber sie traute mir wohl nicht ganz, denn sie ließ es bei einem schrägen Blick bewenden. Gemeinsam beugten wir uns über den Kopf mit den kurzen Haaren, die zu Berge standen, vom Balsam, den Flor soeben in die schrundigen Stellen gerieben hatte. Das Kind wand sich zwischen uns und wimmerte.

„Und da gibt es Frauen, die lassen ihre Kinder im Stich …“, sagte Flor, „gehen ihren Wünschen nach, kein Tier brächte das fertig.“ Das kleine Mädchen heulte auf unter dem Griff der mütterlichen Hände. „Da versteht man doch, dass ein Mann … also so ein Mann nimmt ein Messer und …“ Sie schaute mir in die Augen. Und wieder hatte ich das Gefühl, Dora zu verraten, als ich ihrem Blick standhielt und nichts erwiderte.

Carlos kam. Am Morgen lagen Rosen im Hof und ein zerbrochenes Glas. Carlos liebte Rosen, Rosa Centifolia, aber sie mussten weit geöffnet sein, fast schon hinüber, der Duft so schwermütig und nahe der Verwesung. Carlos hatte eine kleine weiße Narbe vom Nasenflügel zum linken Ohr, schön geschwungen und wie um die Backenmuskeln zu betonen, die Drohmuskeln, wenn er wütend war, traten sie hervor. Carlos, wenn Carlos liebte, sie liebte, Dora liebte, wenn er kam, wirklich zu ihr, in sie kam, nie war es derselbe Ton, dieser leise Schrei, nein, kein Schrei, ein Ruf, manchmal wie einer, der sich über eine Quelle beugt, um zu trinken, sehr durstig und nach langem Herumirren in der Hitze, manchmal wie ein Vogel, ein kleiner, ein Dompfaff, ein Häher, den ein Stein getroffen hat aus einer Schleuder, erstaunt, verletzt, manchmal wie einer, der etwas Schweres, etwas ganz Schweres hochhebt vom Boden, er hat gar nicht geglaubt, dass er's kann, aber dann … Dora hockte am Boden, ans Bett gelehnt. Ich, auf dem Fensterbrett sitzend, konnte ihre Wärme fühlen, die Luft um sie her wölbte sich gegen mein Gesicht, als glühe sie, als sondere ihre helle Haut bebende Wellen von Hitze ab, die mich erreichten und mir den Schweiß auf die Stirn trieben.

Nachts kroch ich zu Julio unter die Decke. In meinem Kopf weiße Leere. Drüben in Doras Haus brannten alle Lichter, aber vielleicht war es nur so, dass Dora leuchtete in der Nacht wie ein großes Glühwürmchen.

Das Ei habe sie einfach morgens aus ihrem Eisschrank genommen, sagte Dora. Wir saßen auf den feuchten Tonfliesen des Badezimmers, im grünen Licht der Farnkübel, die vor dem Fenster aufgereiht standen. Als sie hingekommen sei, eine Schlange von Wartenden, natürlich wie immer, drei Häuser lang, bis zu Mathildas Tür. Alle hätten ihr Ei dabeigehabt, manche in der Tasche ihrer Jacke, die Männer eben, die Frau vor Dora, eine dicke Fischhändlerin, habe es im Ausschnitt getragen zwischen den Brüsten. Dora rasierte sich die Waden, sie hatte keine Hosen an und kümmerte sich nicht darum, dass ich ihr zwischen die Beine sehen konnte. Dann, als sie an der Reihe gewesen sei, schon spät am Vormittag und sie habe geschwitzt, dann habe Mathilda das Ei aufgeschlagen. Dora machte es mir vor und schlug mit der Handkante auf ihr Knie. Fürchterliches sei zum Vorschein gekommen, kein Eiweiß, kein Dotter oder so was, nein, blutige Federn, Dreck, Lumpen und Schleim, fürchterlich. Man wolle ihr Böses, habe Mathilda gesagt, o ja, sie schwebe in höchster Gefahr, sie sei gerade noch zur rechten Zeit gekommen. Aber noch sei es nicht zu spät. Man müsse sich an genaue Vorschriften halten in solch einem Fall, das Amulett tragen, Kräuter verbrennen, aber das wäre nicht alles. Dora sammelte die abrasierten Haare vom Boden auf, dazu befeuchtete sie sich die Finger mit der Zunge. Sie streckte sich hinüber und legte das winzige schwarze Nest vor die Farne auf ein rotes Stückchen Stoff. Dort hockte eine kleine schokoladenbraune Gottheit. Daumengroß. In den hängenden Ohrläppchen steckten vertrocknete

Bougainvilleablüten. Die weit vorstehenden Augen mit den winzigen schwarzen Pupillen waren auf uns gerichtet.

„Er ist verrückt, ganz krank ist er nach mir, verstehst du? Wenn er mich verlässt, schmerzt ihn die Brust hier oben zwischen den Brustwarzen." Dora legte die Hand dorthin. „Aber an dieser Stelle hat er sein Herz, ich weiß es, ich hab es dort pochen und scharren gehört wie ein eingesperrtes Opossum. Carlos ist nicht wie andere Menschen." Doras Augen wurden traurig, und ihre Lider schwollen an. Sie griff ganz langsam nach dem bösen kleinen Gott und drückte ihn in ihre Achselhöhle, rieb ihn am feuchten Haar, dass er dunkel wurde von ihrem Schweiß. Sie hielt ihn mir hin. Er hatte ein spitzes, aufrecht stehendes Glied. Eins von Doras Haaren klebte daran. „Siehst du?" Dora lächelte. Sie habe einen Auftrag, sagte Dora und stellte das Figürchen zurück unter die Farnblätter. „Ein Schaufenster in der Casa Hidalgo – alles in Pink und Lila", und fing an, ihr Haar zu bürsten.

Die nächsten drei Tage sahen wir uns wenig. Ich half Flor drüben in ihrem Hof Chilischoten auf Stricke zu fädeln und aß die Tacos, die sie mir auf der Herdplatte wärmte. Sie winkte mich ins Schlafzimmer, zeigte mir das Messingbett, die bunten Kissen, die Fotos der Familie aufgereiht an der Wand. „Der Mensch braucht ein schönes Bett", sagte sie, „das hab ich ihm immer gesagt. Ein gutes Bett, das ist man sich schuldig." Sie hob ihre Bluse und zeigte mir ihren Bauch. Eine Halbkugel, rund und glänzend, die perlmutthellen Narben spannten sich darüber wie das Muster auf einer Kürbisschale. „Die Kleinen eben", sagte Flor. Draußen hämmerten Kinderfäuste an die verschlossene Tür.

An einem Abend rief mich Dora noch spät ans Fenster. Sie hatte getrunken und reichte mir ein Glas mit Zuckerrohrschnaps. Sie zeigte mir ihre Hand. Ein breiter, plumper Ring steckte an ihrem Finger. Lila Steine, zu einer Traube zusammengedrängt, leuchteten träge im Licht des Feuerzeugs.

„Ich sollte ihre Ringe erben, alle", sagte Dora. „Sie hatte

schöne Ringe, meine Großmutter, Perlen, Topase, Silberfiligran. Aber als sie tot war, wollte ich keinen davon haben. Immer hab ich sie gespürt, diese Ringe, wenn sie mir eine versetzte, auf die Backe, aufs Ohr. Ich wollte sie nicht haben, diese Ringe. Geliebt hat sie mich nicht“, sagte Dora. „Geliebt hat sie nur ihn, meinen Papa. Immer haben wir gewartet auf ihn an den Sonntagen. Immer hatten wir gekocht, was er gerne aß. Manchmal ist er ja gekommen, immer mit Freunden. Sie hatten weiße Anzüge an und ihre Gitarren dabei. Wie schön er war, wenn er seinen Panama so nach hinten schob und mir zuzwinkerte.“ Dora trank ihr Glas aus und lachte glucksend. „Dafür habe ich ihn gehasst, dass er so schön war. Er war wie etwas, was man nie in der Hand halten darf, etwas, von dem man sich nie satt essen darf.“

„Lebt er noch?“, fragte ich, ich hätte ihn gerne gesehen, aber Dora hörte mir nicht zu.

„Der Skorpion geht auf“, sagte sie und zeigte hinauf in den milchigen Nachthimmel über dem Dach unseres Hauses. „Mein Mann war nicht schön, deshalb hab ich ihn geheiratet, deshalb hab ich ihn nicht lieben können. Aber die Kinder sind schön, alle drei, was für ein Glück.“ Dora weinte und leckte an ihrem Ring. Auf der Straße draußen ging jemand vorbei und pfiff leise trillernde Signale, wir schauten uns an und lachten. „Manchmal hab ich Lust, nackt aufs Dach zu steigen und all diesen Küchenschaben die Eier zum Sieden zu bringen“, sagte Dora, aber dann gab sie mir nur einen feuchten Kuss und verschwand in ihrer dunklen Wohnung.

Carlos kam. Weihrauchfahnen wehten den ganzen Morgen aus Doras Bad herüber. Dora in ihren gelben Hosen besprühte mit dem Schlauch das graue Gras des Vorgartens, die Palme stand raschelnd in einem dünnen Regenbogen.

Julio und ich gingen an diesem Abend ins Kino. Auf dem Heimweg fing es an zu regnen. Doña Elvira war zurück. Ich fand einen kleinen lindgrünen Brief aufgeweicht unter der Patiotür.

Als ich Dora wiedersah, war sie verändert. An ihrer Unterlippe klebte ein dunkler glitzernder Schorf wie aus bösartigen Granatsplittern. Als sie lachte, mit schiefem Mund, sah ich zum ersten Mal, wie lang und gelb ihre Zähne waren. Ich wagte nicht, nach Carlos zu fragen, auch nicht nach Mathilda und den magischen Eiern. Später sah ich sie, wenn der Wind die Vorhänge hob, auf dem Bett liegen, die Glieder gestreckt, die Arme über der Brust verschränkt wie ein verschnürtes blasses Paket. „Bist du krank, Dora?“, rief ich von draußen. „Müde“, sagte Dora drinnen, „sehr müde.“

In der Regenzeit saß Doña Elvira gerne unter dem Dach auf der Galerie und döste vor sich hin. „Warum heißt das rosa Haus mit der Palme das Katzenhaus?“ Doña Elvira konnte ich fragen, sie kannte viele Geschichten über das Viertel und erzählte sie gerne. Sie sah über den Garten hin, die Dunstschleier, die zwischen den Bäumen hingen, und kratzte sich die Arme. Das tat sie immer, wenn sie etwas nicht mehr wusste. „Warte mal, das Katzenhaus. Das war doch die alte Emilia, die von ihren Katzen aufgefressen wurde – nein, was sage ich da … so war es, die Frau, die dort wohnte, nannten sie die Katze, denn sie hatte zwölf Leben, immer, wenn man dachte, sie hat ihr Bündel geschnürt, war sie wieder da, jung und schön und voll zähem Lebenswillen.“

„Wie, ihr Bündel geschnürt?“ Das klang in meinen Ohren wie eine Reise. Aber Doña Elvira meinte eine bestimmte und endgültige Reise, und über die sprach sie nicht gerne.

Manchmal spielten wir Karten, manchmal, wenn sie es wünschte, zog ich ihr die Schuhe aus und massierte ihre Füße. Sie waren klein und fett, sehr weiß. „Wie Marzipanbrötchen, hat mein Mann gesagt. Blumen hat er zwischen meine Zehen gesteckt. Meine Sohlen mit Zimt gefärbt.“
Doras Füße, mager und gelb, lagen auf dem Teppich, die Zehen gespreizt und gespannt, als wolle sie sich abstoßen. Ich sah nur die Füße, mehr nicht, durch den Spalt im Vorhang. Dann, als ich mich vorbeugte, sah ich sie liegen. Sie lag

mit dem Gesicht zur Wand. Sie rührte sich nicht, hörte auch nicht, ihre Brust schien sich nicht zu heben und zu senken. Ihr Haar war nass und zerzaust.

Ich holte Flor, weil ich es mit der Angst bekam, sicher war es nicht recht von mir, Flor zu holen. Sie kam und mit ihr die Meute ihrer Kinder. Sie halfen sich gegenseitig über das Fensterbrett. Ich hatte noch nie bemerkt, wie viele Kinder es waren, die Kleineren, die nicht hineinkommen konnten, weinten. Das Baby hatte Flor auf die Platten im Hof gelegt. Es streckte sich ganz langsam aus wie ein Käfer, der auf dem Rücken liegt, und schaute mit runden Augen zu mir auf.

Flor, drinnen im Haus, schrie Befehle und Verbote, die Kinder schwärmten zwischen den Möbeln aus wie Museumsbesucher, die die rote Kordel übersprungen haben und endlich das Zimmer der toten Königin von nahem betrachten wollen. Als es mir gelang, durchs Fenster zu klettern, hatte Flor die nackte Dora mit ihrer Schürze bedeckt und ihren Oberkörper aufgerichtet. Doras Kopf pendelte hin und her, und Speichel tropfte hinunter auf ihre Brüste. Wenn es einer von ihren Anfällen war, so war es keiner, bei denen der Kranke Krämpfe hat oder zuckt, wie ich es mir vorgestellt hatte. Aber vielleicht war dieser Anfall schon vorüber, und Dora war von seiner Wucht aus dem Bett geschleudert worden. Vielleicht hatte sie geschrien, vielleicht hatte sie versucht, zum Fenster zu kriechen. Um ihren Hals hing ein schwarzes Amulett in Form einer geöffneten Hand. Flor bekreuzigte sich, und Doras Kopf rollte herum und schlug mit einem dumpfen Ton gegen die Wand.

„Aufs Bett“, keuchte Flor. Sie versuchte, ihr Gesicht von Dora wegzuhalten. Ich fasste die Füße. Sie waren kalt und trocken. Dora roch nach verbranntem Curry, aber vielleicht war das nur der Geruch des Räucherharzes, der noch in den Vorhängen hing. Auf dem Bett wickelte ich Dora in die Decke mit den gestickten Vögeln. Sie war schmutzig und voller Haare. Die Kinder standen im Kreis und schauten zu. Das Mädchen mit dem Schorf auf dem Kopf streckte uns die

Hand hin, der kleine braune Gott glotzte uns daraus an voller Abscheu. „Gib das her", schrie ich. Ich riss ihr das Figürchen aus den Fingern, und sie heulte vor Verblüffung laut auf. Ich war außer mir vor Wut. Am liebsten hätte ich Flor geschlagen, die am Fußende mit der Zunge schnalzend in einem Haufen Wäsche und Kleidern wühlte.

„Raus alle", brüllte ich. Flor musterte mich erstaunt und voller Schläue. Sie drängte an mir vorbei ins Bad. Blieb dort stehen, schlenderte hinüber ins Wohnzimmer. Die Kinder, denen ich jetzt unheimlich war, folgten ihr, drängten sich um sie. Zwischen den Sofas im Wohnzimmer kam das Knäuel nur langsam voran, blieb stecken, Flor musste sich strecken, um die Truhe zu öffnen und hineinzusehen. Sie streifte die Hände der Kinder vom Rand wie Ameisen, ehe sie den Deckel schloss. Die Kinder hingen jetzt an Flors Röcken, umklammerten ihre Arme, sie wollten etwas mitnehmen, wiesen auf die Papierblumen, die Keramikfigürchen auf dem Fensterbrett. Flor wollte nichts von alldem hören, sie kämpfte sich den Weg frei, hinaus in den Gang, die Gruppe schob sich aus der Tür in den Vorgarten, teilte sich an der Palme, erreichte die Straße.

Später schickte Flor ihren Mann zu mir, um das Baby zu holen. Er wagte nicht, mir ins Gesicht zu sehen.

Ich versuchte, Carlos anzurufen, aber er war nicht in der Stadt. „Auf Reisen, mindestens für einen Monat, mein Fräulein", sagte die weibliche Stimme sehr höflich. Seine Telefonnummer zu Hause könne sie mir nicht geben, leider.

Die beiden Sanitäter waren jung und dunkelhäutig. Als sie Dora aufhoben, streckte sie die Arme nach dem einen aus und streichelte sein Haar.

In dieser Nacht brannte die Palme. Schwarze winzige Datteln platzten wie Knallfrösche und hagelten in unseren Hof. Die Palme sah wunderbar aus und streckte sich in die blaue Dunkelheit, eine rote Hand mit züngelnden Fingern, die Funken stiegen hoch über das Haus.

Als Julio heimkam, stieg er durchs Fenster und verriegelte von innen die Tür von Doras Haus. Niemand sei drinnen gewesen, alles an seinem Platz, sagte er. Nur im Bad sei die Scheibe geplatzt, vielleicht von der Hitze. Die Farne lägen in der Wanne, der Spiegel sei auch heruntergefallen. Er hatte sich die Zehen aufgeschnitten und hinterließ rote Spuren auf dem Hof bis hinein in unser Schlafzimmer.

Ich begleitete Doña Elvira zum Einkaufen. Sie saß auf dem Rücksitz des Taxis und öffnete das Fenster, nur um mir Anweisungen zu erteilen und Geld hinauszureichen. Wir kauften eigenartige Dinge, die mir Angst machten, Angst, alt und hinfällig zu werden wie Doña Elvira. Rosa Strümpfe aus geriffeltem Gummi, ein Kissen aus schwarzem glänzendem Leder, das ein rundes Loch in der Mitte hatte, es war für Doña Elviras Stuhl gedacht, eine Paste zum Einreiben, der Apotheker brauchte lange dazu, sie zusammenzumischen. Doña Elvira ließ sich inzwischen vor die Kathedrale fahren, um aus ihrem Autofenster die Pilger zu beobachten, die wie ein langsamer Insektenzug über das gleißende Quadrat des Platzes krochen.

Julio war schon zu Hause, als ich in der Abenddämmerung heimkehrte. Das dicke ockerfarbene Kuvert, das er nicht hatte abliefern können, lag neben unserem Bett wie eine Drohung. „Gleich morgen früh“, sagte Julio.

Dora sei zurück. Julio hielt mir eine Flasche Bier hin, er habe jemanden im Bad rumoren und klirren hören und habe sie durchs Fenster drinnen auf dem Boden hocken sehen, zwischen den Farnwedeln, wie eine nackte Wilde.

Als ich zu weinen anfing, legte mir Julio die Hand auf den Kopf. Ich wusste nicht, warum ich weinte. Vielleicht, weil es bald Herbst war und wir nicht wussten, wo wir hinsollten, aber das war nicht der eigentliche Grund. Eine

Trostlosigkeit ohne Gestalt, ein heilloses, hoffnungsloses Elend war es, das sich auf mich niedersenkte wie ein schweres Tuch und mich kaum atmen ließ.

Julio zog meinen Kopf zu sich herüber und schnüffelte an meinen Haaren. Wir saßen auf den Stufen vor der Küche. Es fing an zu regnen, stetig und leise. Die warmen Platten des Patios flüsterten, die Äste der Bougainvillea bogen sich tief. Ich weinte jetzt mit wirklicher Hingabe und ohne mich zurückzuhalten.

Drüben öffnete Dora das Fenster und stand in der Mitte des erleuchteten Vierecks reglos und dunkel wie ein schwarzer Kern im gelben Fruchtfleisch des hellen Zimmers.

Der Regen fiel zwischen uns, wurde dichter, lauter, verwischte die Umrisse, eine bewegte Folie, gespannt und undurchdringlich.

„Sie sieht uns doch nicht ohne ihre Brille", flüsterte Julio. Aber nach einer Weile hob Dora die Hand und winkte zu uns herüber.

Aus: „Der Schattenfreund", Berlin Verlag 2006

Santiago Roncagliolo

wurde 1975 in Lima geboren. Er wuchs in Mexiko, Peru und Spanien auf, studierte Sprach- und Literaturwissenschaft in Lima und veröffentlichte zunächst Kinderbücher und Theaterstücke. Seit dem Jahr 2000 lebt er in Barcelona, wo er als Journalist für *El País* tätig ist und als freier Schriftsteller, Drehbuchautor und Übersetzer arbeitet. Zu seinen Veröffentlichungen zählen der 2007 verfilmte Roman *Vorsicht* und der Roman *Roter April*, für den er den renommierten Alfaguara-Buchpreis erhielt. Für sein Kinderbuch *Matías y los Imposibles* erhielt er den internationalen Buchpreis White Ravens. Sein Drehbuch *Extraños* wurde mit dem Petrobras-Preis ausgezeichnet und in Brasilien verfilmt.

Die folgende Erzählung stammt aus Roncagliolos 2003 erschienenen Erzählband *Crecer es un oficio triste* und liegt hier erstmals in deutscher Übersetzung vor.

Der Fahrgast neben mir

Es war bloß ein Schreck.

Die Vollbremsung und der Stoß. Die Stöße. Du bist ein bisschen benommen, kannst dich aber bewegen. Du öffnest die Autotür und steigst aus, ohne den Taxifahrer anzusehen. Dir tut nichts weh. Du bist ein Tourist. Deine einzige Pflicht ist es, dich zu amüsieren.

Zu deinem Glück hält ein Bus auf dem Platz. Du steigst ein, ohne darauf zu achten, wohin er fährt. Gehst nach hinten. Außer einem Bettler, der schläft, ist niemand sonst da. Du setzt dich. Blickst aus dem Fenster. Die Stadt und der Morgen breiten sich vor deinen Augen aus. Du atmest tief ein. Entspannst dich.

An der ersten Haltestelle steigt ein Mädchen ein. Sie ist ungefähr zwanzig Jahre alt und sehr attraktiv. Blond. Alle hier sind blond. Es ist das Mädchen, das du immer gewollt hast, das sich an deine Seite setzt. Sie ist leger mit engen Jeans und Turnschuhen bekleidet. Ihr Mantel ist geschlossen, deutet aber ihr überquellendes weißes Hemd an. Sie setzt sich neben dich. Du kannst es nicht vermeiden, sie anzusehen.

Du merkst, dass sie dich ansieht.

Am Anfang ist es unmerklich. Aber du merkst es. Sie dreht um, um dich schnell, nur für einen Moment aus den Augenwinkeln anzusehen. Als du ihren Blick erwiderst, senken sich die Augen wieder. Sie errötet. Versucht ein Lächeln vorzutäuschen. Schließlich sagt sie kokett, wie um die Schüchternheit zu besiegen:

– Was schaust du denn? Schau mich nicht an!

Sie richtet ihren Blick wieder von dir ab, aber jetzt kann sie nicht aufhören zu lächeln. Sie macht eine Geste, als ob sie ihrem Impuls nachgäbe:

– Wieso schaust du mich eigentlich so sehr an? Hä? Ich

weiß schon. – Jetzt wird sie traurig. – Merkt man es mir an? Nein? Merkt man es mir an? Ich dachte, nicht – lächelt sie schelmisch. – Soll ich sie dir zeigen? Wenn man es mir anmerkt, dann brauche ich sie auch nicht zu verstecken. Willst du sie sehen? – Sie macht sich interessant, setzt einen komplizenhaften Blick auf und spricht mit leiser Stimme, als ob sie ein Geheimnis überbringe. – Ist schon gut, schau her.

Sie öffnet ihren Mantel und lässt eine riesige Schusswunde in ihrem Herzen sehen. Der Rest der Brust ist in Blut getränkt.

Sie lacht schelmisch und plötzlich wird sie ernst um zu verkünden:

– Siehst du? Ich bin tot.

Stimmt es, dass man es mir nicht auf den ersten Blick ansieht? Man sieht es nie auf den ersten Blick. Nicht einmal ich merkte es. Vielleicht weil es das erste Mal ist, dass ich sterbe. Ich bin nicht an diese Umstellung gewöhnt. In einem Augenblick bist du da und das Übliche: eine verirrte Kugel, ein Überfall, vielleicht eine Schießerei zwischen Polizisten und Dealern. Das passiert täglich. Und dann bist du nicht mehr da. Du weißt, was ich meine, oder?

Auf mich wurde geschossen, weil ich zu sensibel war. Wirklich wahr. Weil ich mich solidarisiert habe. Niki und ich gingen zu einem Hundekampf. Niki ist mein Freund und er ist ein Kriegsheld. Ja. Aus einem Krieg, den es vor Kurzem gab … Nein. Ich erinnere mich nicht, wo. Niki hat ein Hündchen namens Buba und eine Pistole, die den Namen Umarex CP Sport trägt. Aber Buba mag er am meisten. Er ist ein sehr professioneller Hund. Er hat schon drei andere Hunde und eine Katze zerfleischt. Er lässt nicht einmal das Fell übrig. Niki findet das toll. Buba ist wahrhaftig sein bester Freund. Damals fuhren wir mit dem Auto, und Niki und Buba saßen vorn. Ich nahm auf dem Rücksitz Platz. Niki mag es, dass wir uns so setzen. Er sagt, dass das die natürliche Ordnung der Dinge ist. Niki ist sehr ordentlich mit seinen

Sachen. Und sehr natürlich.

Als wir aus der Stadt in Richtung … Hunde-Arena fuhren, nein, das ist für Rennen … Wie heißt das, wo es Hundekämpfe gibt? Gut, wir fuhren da hin und hielten an einer Tankstelle an, damit Niki auf die Toilette gehen konnte. Außer einer Pistole und einem Hund hat Niki Inkontinenzprobleme, aber sprich ihn nie darauf an, es ist wirklich nur zu deinem Besten. Buba und ich sind also alleine im Auto geblieben. Tut mir leid, dass ich mich unterbreche, aber starr bitte nicht so auf die Wunde. Ich hasse Männer, die ihre Augen nicht von der Brust einer Frau lassen können. Frauen auch. Wenn ich nicht tot wäre, würde ich Niki rufen, damit er mir Respekt verschafft. Okay? Okay.

Gut, ich fahre fort: Wir waren im Auto. Nicht wahr? Buba und ich. Und Buba fängt an, mich mit dieser Miene anzusehen, die signalisiert, dass er aufs Klo will. Das heißt, nicht aufs Klo, weil er ein Tier ist. Nicht wahr? Aber das, was einem Klo, auf das er gehen könnte, am ehesten entspricht. Okay? Und er sieht mich an, damit ich ihn hinbringe. Du würdest es wirklich nicht glauben, dass er ein Mörderhund ist, wenn du das Gesicht zu sehen bekämst, das er aufsetzt, wenn er aufs Klo gehen will. Aus seinen Pausbacken tropft es, die Augen fallen ihm zu und er winselt sooo süß. Ich schaue ihn also mit einer Mitleidsmiene an, ich verstehe ihn, weißt du, und mache ihm die Tür auf, damit er sich Erleichterung verschaffen kann.

Buba steigt aus und ich begleite ihn ein paar Schritte, aber dann sehe ich, dass es im Tankstellenladen ein Angebot von Revlon-Haarspülungen gibt, sodass ich stehen bleibe, weil das etwas Wichtiges ist, und er geht weiter. Und dann taucht der andere Hund auf. Das heißt ein – entschuldige den Ausdruck – Dreckshund, ja, ein Straßenköter ohne kupierten Schwanz und mit hängenden Ohren. Hast du schon einmal Hunde ohne eine Kupierung von Ohren und Schwanz gesehen? Ach, schrecklich ist gar kein Ausdruck dafür.

Nun, du kannst es dir schon vorstellen, oder? Der Köter

fängt an zu bellen, Buba fängt an zu bellen, die Gemüter erhitzen sich, die Revlon-Haarspülungen gibt es nur im Angebot, wenn man zusätzlich ein Shampoo nimmt, Niki hört immer noch nicht auf zu pinkeln und plötzlich Bubas Verfolgung des anderen, das Gebell, die Bisse. Das Übliche – bis auf den Lastwagen. Das mit dem Lastwagen war unmöglich vorherzusehen, na ja, weil es eben nicht so ist, dass man die Zukunft voraussagen kann. Du weißt, was ich meine, nicht wahr? Ich hörte gerade noch die Vollbremsung und das Hundewinseln. Ehrlich gesagt dachte ich aufgrund dieses armseligen Winselns, dass er den Köter plattgemacht hatte.

Aber dem war nicht so.

Als Niki vom Klo kam und seinen Hund sah, war ich schon dabei, Sonnencremes rauszusuchen. Niki kniete sich neben Buba, küsste ihm die Wunden, richtete sich auf und kam direkt auf mich zu. Ich empfing ihn mit einem Lächeln und dachte, ach Gott, schon okay, nicht wahr? Wir sind am Leben, es hätte alles viel schlimmer kommen können. Und er empfing mich mit vier Schüssen aus der Umarex CP Sport. Schon mal eine gelbe Pistole gesehen? Niki hat eine.

Der Rest vom Totsein ist Routine. Du weißt, was ich meine, nicht wahr? Es ist langweilig, weil dir keiner, der lebt, mehr zuhört. Sie kommen dich holen, das schon, und nehmen dich auf einer Bahre mit, du bist also zwar schon tot, aber trotzdem nehmen sie dich auf einer Bahre und in einem Krankenwagen mit. Krass, nicht? Als ob du lebendig wärst. Das gibt dir ein gutes Gefühl. Nicht wahr? Geschätzt. Sie bringen dich in eine Privatklinik, füllen Papiere aus und bewahren dich da auf. Es ist kalt dort. Es ist sehr kalt.

Einmal dort, lernst du andere Leichen kennen, du vergleichst dich mit ihnen, merkst, dass du in viel besserer Form als sie bist, also, dass du trotz der Schwierigkeiten gut aussiehst. Nicht wahr? Und das ist wichtig, damit du selbst dich gut fühlst. Klar, die Wunde ist nicht von Vorteil, aber du hast keine Vorstellung davon, wie die Leute da aussehen. Hä? Also, sie pflegen sich nicht. Und das, obwohl sie aus guten

Kreisen kommen. Hä? Glaub nicht, dass jeder beliebige Tote in eine dieser Kliniken gebracht wird.

Vor allem anfangs fühlst du dich ziemlich unsicher. Es ist so, als ob du die Regel kriegst, aber in einer Tour und durch die Brust. Es ist dann sehr unangenehm. Aber später kommt ein wirklich sehr hübscher Doktor. Du weißt, was ich meine, oder? Dann seid ihr, du und er, alleine, aber nicht wie mit Buba im Auto, sondern anders, weil du tot bist und er kein Hund. Es ist intimer, nicht wahr? Und er fängt an, dich anzufassen, dich zu streicheln, zu massieren, fährt mit seinen Händen über deinen Körper. Und warm sind sie, seine Hände. Die meisten lebenden Dinge sind warm. Und dann teilt er dich in zwei Hälften, um Zeugs in deinem Inneren zu suchen. Und weißt du was? Du fühlst … ich weiß nicht … du fühlst, dass es das erste Mal ist, dass ein Mann Interesse an deinem Inneren hat. Ich weiß nicht. Es ist irgendwie sehr persönlich. Aber du lässt dich gehen, lässt zu, dass seine Hände an deinen Eingeweiden entlang gleiten, es kommt dir so vor, als ob niemand davor dich ernsthaft angefasst hat. Und es macht dich wirklich ein kleines bisschen traurig. Es gibt Sachen, von denen ich nicht wusste, dass ich sie hatte, von denen ich mein ganzes Leben lang nicht erfuhr, wie vom Zwölffingerdarm, der Hauptschlagader, dem Musculus sternocleidomastoideus, oder? Vom Triceps wusste ich durch das Fitnessstudio. Und du sagst dir, Mann, ich hätte gerne gewusst, dass ich all das hatte, weil, ich weiß nicht. Nicht wahr? Es ist ein Teil von dir und du musst damit leben und dieser Mann entdeckt all das dann für dich. Ich weiß nicht, wie ich es erklären soll. Es ist etwas Supersuperpersönliches. Bei mir sind Flüssigkeiten rausgekommen, ich glaube, ich hatte sogar einen Orgasmus. Und weißt du, warum der Gerichtsmediziner es bei mir mit so viel Liebe gemacht hat? Ich weiß nicht, glaub mir, ich habe darüber ohne Ende nachgedacht und … ich glaube, dass er es tut, weil man es mir nicht anmerkt. Klar, wenn du mich genau ansiehst, schon. Aber auf den ersten Blick sieht man mir das Tote nicht an. Ich glaube, dass dem Gerichtsmediziner die wenig augenfällig Toten gefallen. Ich bin sehr natürlich. Und du auch, ehrlich gesagt. Hätte ich nicht deinen Unfall im Taxi gesehen, hätte ich beinahe gedacht, dass du am Leben bist. Man muss dich schon genau ansehen, um es zu merken, aber ein geübtes Auge kann es letztendlich wahrnehmen.

Es ist wegen deines Blickes, glaube ich.

Du hast die Augen eines Toten.

Originaltitel: „El Pasajero de al lado"
Aus: Santiago Roncagliolo, „Crecer es un oficio triste", 2003
© Santiago Roncagliolo 2003
Aus dem Spanischen übersetzt von Christiane Barnaházi

Anhang

Christiane Barnaházi

wurde 1979 als Tochter einer Deutschen und eines Ungarn in Leipzig geboren.
Nach dem Studium der Hispanistik und Deutsch als Fremdsprache in Leipzig und Auslandsaufenthalten in Mexiko und der Dominikanischen Republik lebt sie seit drei Jahren in Santiago de Chile, wo sie an einem Kulturzentrum arbeitet und nebenberuflich als freischaffende Übersetzerin tätig ist.

Wilfried Böhringer

wurde 1945 geboren und übertrug zahlreiche Werke aus dem Spanischen und Französischen ins Deutsche, etwa Tzvetan Todorovs *Die Eroberung Amerikas* und Julio Llamazares' *Wolfsmond.* Für letzteres Buch erhielt er 1991 den Übersetzerpreis der Botschaft von Spanien. Böhringer übersetzte nahezu alle auf Deutsch erschienenen Werke von Guillermo Cabrera Infante. So zeichnet der persönliche Freund des exilkubanischen Schriftstellers auch für die Übertragung von dessen bekanntestem Roman, *Drei traurige Tiger*, verantwortlich, für die er ebenfalls ausgezeichnet wurde. Kurz nach der Veröffentlichung seiner Übersetzung von Cabrera Infantes *Wie im Kriege also auch im Frieden* verunglückte Wilfried Böhringer 1997 in den USA tödlich. In der vorliegenden Anthologie ist er mit einem Romanausschnitt aus *Drei traurige Tiger* vertreten.

Ralph Doege

wurde 1971 in der Nähe von Osnabrück geboren und studierte Bibliothekswesen in Leipzig. Seine Diplomarbeit über Philip K. Dick ist auf www.philipkdick.de nachzulesen. Doege ist Verfasser von Essays und Erzählungen, die in verschiedenen Magazinen und Anthologien veröffentlicht wurden. Seine Erzählung *Schwarze Sonne* brachte ihm 2005 Nominierungen für den Kurd Lasswitz Preis sowie den deutschen Science Fiction Preis ein. Er lebt in Leipzig und arbeitet derzeit an seinem ersten Erzählband. In der vorliegenden Ausgabe zeichnet Ralph Doege für die Auswahl eines Großteils der hier vorgestellten Texte verantwortlich, vorrangig für die Titelgeschichte.

Claudia Hammerschmidt

studierte Hispanistik, Galloromanistik und Germanistik in Köln, Buenos Aires und Bordeaux. Schon während des Studiums entdeckte sie ihre Liebe zur Literatur von Guillermo Cabrera Infante. Aus der Faszination wurde eine Obsession, die ihren Niederschlag in mehreren Aufsätzen, dem Interview „Indagaciones acerca de un mito. Conversación con Guillermo Cabrera Infante“ (in: Iberoamericana 15 [2004], S. 157–168), ihrer Doktorarbeit („Mi genio es un enano llamado Walter Ego“. Strategien von Autorschaft bei Guillermo Cabrera Infante, Vervuert, 2002) und einer (zusammen mit Gerhard Poppenberg verfassten) Übersetzung des letzten Kino-Buchs des Autors fand (*Nichts als Kino*, Suhrkamp, 2001). Während eines längeren Paris-Aufenthalts 1996 lernte sie den exilkubanischen Autor persönlich kennen, woraus sich eine bis zum Tod Cabrera Infantes währende Freundschaft entwickelte.
Claudia Hammerschmidt vertritt als Privatdozentin den Lehrstuhl für spanische und französische Literaturwissenschaft an der Friedrich-Schiller-Universität Jena.

Elisabeth Schöberl

wurde 1971 in Bruck an der Mur geboren. Sie studierte Übersetzen (Französisch und Spanisch) sowie Publizistik an der Universität Wien und arbeitete als Lektorin im größten Buchverlag Österreichs. Seit einigen Jahren ist sie als freischaffende Lektorin, Übersetzerin und Autorin tätig. Zu den Schriftstellern, deren Werke sie ins Deutsche übertrug, zählt etwa der Franzose Philippe Delerm (*Fairplay*, Ueberreuter, 2002).
Eliabeth Schöberl verfasste mehrere Kinder- und Jugendbücher, die zum Teil auch bereits in verschiedenen anderen Sprachen veröffentlicht wurden. Ihre Bilderbuchtexte (*Fredo träumt vom Fliegen*, 2005; *Halt doch mal den Schnabel!,* 2007, beide Annette Betz) vermeiden eine zu liebliche, verharmlosende Sprache und zeichnen sich durch amüsante, hintergründige Wortspiele aus.

Jürgen Schütz

wurde 1968 in Wien geboren. Der bedauerliche Umstand, dass viele Werke von großartigen Schriftstellern noch immer nicht in deutscher Sprache erhältlich sind, veranlasste ihn dazu, 2008 den Septime Verlag zu gründen und Bücher zu verlegen, die er selbst gerne kaufen und lesen würde.
Jürgen Schütz ist Mitherausgeber des vorliegenden Bandes und schrieb mit Ausnahme des Essays von Claudia Hammerschmidt die kurzen einleitenden Porträts zu den jeweiligen Autoren. Zum gegenwärtigen Zeitpunkt arbeitet er bereits an weiteren Projekten, die Lücken auf dem Buchmarkt füllen werden.

Claudia Weber

wurde 1983 geboren und studiert in Wien Spanisch und Geschichte. Ihre Leidenschaft ist die spanische Literatur, insbesondere die Dialektliteratur, zu deren Studium und Forschungsarbeiten sie regelmäßig die Iberische Halbinsel bereist. Claudia Weber widmet sich intensiv der zeitgenössischen Literatur Spaniens und stellt derzeit in Sevilla ihre Diplomarbeit über die normativen Veränderungen des Andalusischen in literarischen Texten fertig. Für die vorliegende Ausgabe leistete sie Recherchearbeit zur Titelgeschichte und schrieb das Nachwort dazu.

Elke Wehr

wurde 1946 im sächsischen Bautzen geboren. 1961 flüchtete sie mit ihrer Familie aus der DDR nach Westdeutschland. Sie studierte Französisch und Italienisch in Paris und Heidelberg, wandte sich jedoch im Folgenden vor allem der spanischen Sprache zu. Wehr übersetzte unter anderem Texte von Octavio Paz, Mario Vargas Llosa, Julio Cortázar, Alejo Carpentier, Jorge Semprún, Rafael Chirbes, Javier Marías und Manuel Rivas. Sie trug mit ihren Übersetzungen wesentlich zur Bekanntheit dieser Schriftsteller im deutschsprachigen Raum bei und wurde zu einer der wichtigsten Vermittlerinnen zeitgenössischer Literatur aus Lateinamerika und Spanien.
Im Jahr 2006 wurde Elke Wehr für ihr Gesamtwerk, vor allem aber für ihre Übertragung des Romans *Yo, el Supremo* (Ich, der Allmächtige) von dem paraguayischen Autor Augusto Roa Bastos mit dem Paul-Celan-Preis für herausragende Übersetzerleistungen ausgezeichnet. „Sie arbeitete wie andere stricken", schrieb die Publizistin Simone Guski über die unermüdliche Sprachmittlerin. Elke Wehr verstarb im Juni 2008.

PERSPEKTIVENWECHSEL No 2

Primadonna

Erzählungen von und über starke Frauen

Sind Schriftstellerinnen in Ihrem Bücherschrank unterrepräsentiert? Wir sind der Meinung, es werden immer noch zu wenige gelesen.
Die kommende Ausgabe von PERSPEKTIVENWECHSEL widmet sich den Frauen aus männlicher und weiblicher Sicht, wobei Letztere den Schwerpunkt bildet. Mit Texten aus aller Welt.

Erscheinungstermin: Herbst 2009

Weitere Informationen auf **www.septime-verlag.at**

Guillermo Cabrera Infante

Schandtat Chachacha

Aus dem kubanischen Spanisch von
Claudia Hammerschmidt

Wie der Rhythmus des Chachacha sind die drei Kurzgeschichten in dieser Sammlung durch Wiederholung und Wechselschritt gekennzeichnet. Alle beginnen mit der gleichen Szene, aber jede von ihnen ist der Ausgangspunkt einer anderen Liebesgeschichte, die jeweils einer unterschiedlichen Vision Cabrera Infantes entspricht.

Erscheinungstermin: Winter 2009

Weitere Informationen auf **www.septime-verlag.at**

Diese Publikation wurde mit Unterstützung des Instituto Cervantes, Wien, hergestellt.

Instituto Cervantes

Wien

Das Instituto Cervantes bietet:

Spanischkurse: allgemein und speziell
Kulturveranstaltungen
Spanisch-Zertifikatsprüfungen
Bibliothek

INSTITUTO CERVANTES
Schwarzenbergplatz 2
A-1010 Wien
Tel.: 0043 - 1 - 505 25 35 -15, Fax: DW 18

LATEINAMERIKA NACHRICHTEN

// Die Monatszeitschrift. Seit 1973.
// solidarisch // kritisch // unabhängig

10 MAL JÄHRLICH
aktuelle Hintergrundberichte und Analysen zu Politik, Gesellschaft und Kultur in und aus Lateinamerika.

PROBEABO
// 3 Monate // unverbindlich // 15 Euro in Europa // 10 Euro in Deutschland

Gleich online bestellen unter www.lateinamerika-nachrichten.de

Lateinamerika Nachrichten im Mehringhof
Gneisenaustraße 2a D-10961 Berlin
Tel: +49 [0]30 694 61 00
mail: abo@LN-Berlin.de
www.lateinamerika-nachrichten.de

Unser Dank geht an alle,
die zum Gelingen dieses Buches
beigetragen haben, insbesondere an:

Margo Jane Warnken
Daniela Schogger
Franz Kratochvil
Jörg Fiala
Klaus Pahlich